COLLECTION ILLUSTRÉE
FERD. SARTORIUS, ÉDITEUR

CHARLES MONSELET

CHAVALLON

HISTOIRE D'UN SOUFFLEUR
DE LA
COMÉDIE-FRANÇAISE

AVEC UNE GRAVURE PAR OUTHWAITE D'APRÈS BERTALL

PARIS
FERD. SARTORIUS, ÉDITEUR
27, RUE DE SEINE, 27

1872

CHANVALLON

PARIS. — IMP. SIMON RAÇON ET COMP., RUE D'ERFURTH, 1.

CHANVALLON

à la Malmaison

Ed SARTORIUS 27, r de Seine, Paris

CHARLES MONSELET

CHANVALLON

HISTOIRE D'UN SOUFFLEUR

DE LA

COMÉDIE - FRANÇAISE

AVEC UNE GRAVURE PAR OUTHWAITE D'APRÈS BERTALL

PARIS

FERDINAND SARTORIUS, ÉDITEUR

27, RUE DE SEINE, 27

1872

Droits de traduction et de reproduction réservés.

CHANVALLON
HISTOIRE D'UN SOUFFLEUR
DE LA
COMÉDIE-FRANÇAISE

I

Quel paysage merveilleux que le paysage qui s'étend, se déroule, s'élève entre la Malmaison, Louveciennes et l'aqueduc de Marly ! Jamais plus admirables masses de verdure ne couronnèrent des eaux plus riantes, n'environnèrent des hameaux plus gais ; jamais horizon n'affecta une plus riche variété de lignes. Imaginez un résumé de toutes les magnificences et de toutes les coquetteries de la nature.

Tantôt ce sont de nobles avenues qui semblent se souvenir d'avoir vu passer le vis-à-vis bleu et argent de la comtesse du Barry; tantôt ce sont des sentiers tortueux qui mènent à des taillis fantastiquement brouillés. Çà et là, la pierre blanche d'un château apparaît à travers une futaie; un long mur brodé de mousse décrit les contours capricieux d'un parc et se termine à quelque grille de fer élégamment ouvragée. Pour peu que le soleil frappe là-dessus, entre là dedans, pénètre là-dessous, c'est immédiatement une vie, un épanouissement, un éblouissement, une fête, une joie d'or. Partout une végétation puissante, aimable, harmonieuse; en un mot, l'idéal d'un beau paysage français.

Ces localités n'ont guère subi de changements depuis le commencement du siècle. Telles elles sont aujourd'hui, telles on peut se les figurer par une journée de décadi de l'an VIII.

Ce jour-là, dans une des parties les plus solitaires du bois de Marly, un jeune homme d'une figure avenante, tenant un livre à la main, lisait à haute voix.

Ce qu'il lisait, c'était l'ingénieuse et spirituelle comédie de Collin d'Harleville: *les Châteaux en Espagne*.

Il en était arrivé à cette tirade :

>........Chacun fait des châteaux en Espagne :
> On en fait à la ville, ainsi qu'à la campagne ;
> On en fait en dormant, on en fait éveillé.
> Le pauvre paysan, sur sa bêche appuyé,
> Peut se croire un moment seigneur de son village.
> Le vieillard, oubliant les glaces de son âge,
> Se figure aux genoux d'une jeune beauté,
> Et sourit ; son neveu sourit de son côté,
> En songeant qu'un matin du bonhomme il hérite.
> Telle femme se croit sultane favorite ;
> Un commis est ministre, un jeune abbé prélat,
> Le prélat... Il n'est pas jusqu'au simple soldat
> Qui ne se soit un jour cru maréchal de France ;
> Et le pauvre lui-même est riche en espérance !

Il avait donné beaucoup d'expression à ces derniers vers.

— Bravo ! s'écria une voix derrière lui.

Le jeune homme se retourna et vit un autre jeune homme dont le sourire tranchait sur la figure anguleuse et grave, sur les grands yeux creusés, sur le nez romain. Ce nouveau venu était vêtu simplement d'une lévite de drap sombre ; les bottes et le chapeau trahissaient seuls le militaire.

Le lecteur eut un mouvement de surprise.

— A la façon dont vous interprétez les vers de Collin, reprit le nouveau venu, il est aisé de deviner que vous êtes poëte vous-même.

Le premier jeune homme s'était remis de son étonnement ; il répondit, en souriant à son tour :

— Non, monsieur, je ne suis pas poëte, à mon grand regret... mais j'aime la poésie par-dessus tout.

— C'est un goût noble, et dont je vous félicite ; comme vous, j'aime les vers, les beaux vers...

— Par-dessus tout ? demanda le premier jeune homme, les yeux fixés malicieusement sur son interrupteur.

Celui-ci ne put s'empêcher de remarquer le ton légèrement ironique de cette demande.

Il répliqua un peu froidement :

— Mon enthousiasme ne va pas aussi loin que le vôtre. Il est des arts que je place au-dessus de la poésie.

— L'art de la guerre, par exemple ?

Le survenant tressaillit.

— Qu'est-ce qui vous le fait supposer ? dit-il.

— Excusez-moi de vous avoir reconnu, général Bonaparte, répondit respectueusement le jeune homme.

Le général se tut.

Il avait à la main une cravache dont il fouetta avec une certaine impatience sa botte droite.

Puis, comme en se parlant à lui-même :

— Faut-il donc, à mon âge, renoncer sitôt au bénéfice de l'incognito ? dit-il.

— Si j'avais su être indiscret... murmura le jeune homme.

— Je ne vous en veux pas, monsieur ; je n'ai pas le droit de vous en vouloir. C'est moi qui vous ai interrompu dans votre lecture.

— Et c'est un honneur que vous m'avez fait.

— Mais convenez que j'avais tout lieu de me croire ignoré sous ces ombrages.

— Non, général ; vous avez perdu ce droit depuis que la peinture et la gravure ont popularisé les traits du moderne Alexandre.

— Des flatteurs jusque dans les forêts ! s'écria Bonaparte en reprenant son sourire.

— Moi, un flatteur ! dit vivement le jeune homme, vous me connaissez mal, général.

— Ajoutez même que je ne vous connais pas du tout.

— Ce n'est cependant pas la première fois que nous nous rencontrons.

1.

— Vraiment? dit Bonaparte en attachant son regard perçant sur le jeune homme.

— Vraiment, répéta celui-ci.

— Ma mémoire est pourtant excellente...

— Souffrez, général, que je vous remette sur la voie. Vous avez fréquenté pendant quelque temps la Bibliothèque nationale?

— Oui, à mon retour de Toulon, dit Bonaparte.

— Vous lisiez Polybe, Tacite, Xénophon, César.

— Je les relisais.

— D'autres fois, un atlas sous les yeux, vous étudiez en silence cette Europe que vous deviez bientôt ébranler. Vous preniez, ou pour parler plus justement, vous griffonniez des notes où le diable lui-même n'aurait pu se reconnaître.

— C'est vrai, dit Bonaparte, j'écris d'une façon déplorable; je n'ai jamais pu me résoudre à tracer lentement une ligne. L'écriture est un cheval qui emporte ma pensée au galop.

— Pendant ce temps-là, à côté de vous, un jeune homme de votre âge lisait, lui aussi: mais il lisait des écrivains plus frivoles, les auteurs dramatiques particulièrement : Racine, Molière, Corneille...

— Corneille n'a rien de frivole, monsieur!

— Je ne discuterai pas avec vous, général. Quoi qu'il en soit, j'eus plusieurs fois l'honneur d'être votre voisin d'étude; un jour même vous m'empruntâtes un crayon...

— Bah !

— Que vous avez oublié de me rendre.

— Est-il possible? dit Bonaparte en belle humeur.

— Oui, général.

— J'ai toujours été un peu distrait, surtout à l'époque que vous me rappelez, époque difficile pour moi, souvent pénible; temps d'épreuves... Je demeurais alors dans un petit logement de la rue de la Michodière...

— Avec Junot et Sébastiani, ajouta le jeune homme.

— En effet. Je vois que vous me connaissez parfaitement, monsieur, ce qui rend impardonnable ma distraction envers vous.

— Je ne réclame rien, général.

— N'importe, dit Bonaparte, je ne puis pas demeurer en reste de courtoisie avec vous... je saurai vous rendre votre crayon.

— Je ne suis pas plus un solliciteur qu'un flatteur, dit le jeune homme.

—De la fierté?

—De la dignité, tout au plus.

Le général garda un instant le silence sans cesser d'examiner son interlocuteur.

— Qui êtes-vous? lui demanda-t-il tout à coup brusquement.

Le jeune homme ne se laissa pas intimider.

—Qui je suis?... répéta-t-il ; vous ne serez guère plus avancé lorsque je vous l'aurai dit, général.

—Dites toujours, car la partie n'est pas égale entre nous. Votre nom?

—Chanvallon.

—Chanvallon... c'est un nom d'idylle.

—Je n'en disconviens pas; mais l'idylle a du bon.

—Je lui préfère l'ode. Quelle profession exercez-vous?

—Aucune... et toutes.

—Ce n'est pas une réponse, dit Bonaparte en fronçant le sourcil.

—Mais si ; je suis un peu musicien, un peu avocat, un peu médecin...

Et sans doute un peu barbier ; la ressemblance avec Figaro est complète.

—Non, je n'aime pas Figaro.

—Monsieur Chanvallon est bien dégoûté.

— J'aime le peuple, et non les valets. Je n'ai jamais voulu servir personne.

— Au moins avez-vous été soldat?

Le jeune homme parut hésiter.

— Non, dit-il.

— Et pourquoi? demanda Bonaparte revenant à sa brusquerie.

— Ah! pourquoi, pourquoi!...

— Répondez.

— Parce que je n'ai aucune des passions que vous avez, général, et que j'ai tous les goûts que vous n'avez pas.

— Expliquez-vous, monsieur Chanvallon.

— Cela est délicat, général; il faudrait pour cela me permettre une franchise...

— Je vous permets tout, dit Bonaparte; commencez par les goûts que vous avez... et que je n'ai pas, selon vous.

— Volontiers, dit Chanvallon; d'abord, je suis paresseux; et la paresse vous fait horreur.

— Avec raison!

— C'est un point de vue... ce n'est pas le mien.

— Ensuite? dit Bonaparte.

— Ensuite, dit Chanvallon, je suis... je suis

gourmand ; et vous ne restez que vingt minutes à table.

— C'est dix de trop !

— Je ne suis pas convaincu.

— Continuez, reprit Bonaparte.

— Voilà que je n'ose plus.

— Je vous l'ordonne.

— Eh bien, continua Chanvallon avec une apparente ingénuité, je suis amoureux, et...

— Et vous croyez que je ne le suis pas?

— Général...

— Ou du moins que je ne le suis guère? dit Bonaparte en éclatant de rire... Si Joséphine vous entendait !

Chanvallon attendit tranquillement la fin de cette explosion.

— Allons, reprit Bonaparte, je ne regrette plus tant mon incognito : je vous dois quelques minutes de véritable gaieté... Arrivons maintenant, s'il vous plaît, aux passions que vous n'avez pas, et dont je suis pourvu... toujours selon vous,

— Rien de plus facile, dit Chanvallon; d'abord, je ne suis pas ambitieux.

— Qui vous a dit que je l'étais ?

— Oh ! sire !

A ce mot, prononcé avec le plus grand naturel, Bonaparte rougit subitement.

Il était rare de voir rougir Bonaparte.

— Monsieur, dit-il sévèrement, vous allez trop loin.

— Je croyais y avoir été encouragé, murmura Chanvallon.

— Cessons... ou plutôt revenons à notre point de départ : je veux savoir qui vous êtes.

— Un passant, rien de plus.

— Ce n'est pas un état.

— Je vous demande pardon, général ; tout m'est arrivé, bonheur ou malheur, comme je passais... par hasard, ainsi qu'aujourd'hui.

Bonaparte se mordit les lèvres.

— C'est bien, monsieur, dit-il, vous voulez sans doute laisser à ma perspicacité le mérite de vous deviner. Je vous devinerai, soyez tranquille.

Tout en causant de la sorte, les deux jeunes gens marchaient à travers les bois, sans direction.

Bonaparte tira sa montre.

— Quatre heures, dit-il ; il est temps que je rentre à la Malmaison ; je gage que l'on s'inquiète déjà de mon absence.

— Et l'on n'a pas tort, murmura Chanvallon.

Le Premier consul haussa les épaules.

— Vous aussi, prononça-t-il, vous croyez à des dangers ?...

— Je crois à un complot permanent contre vous, général.

— Et moi, je crois à mon étoile.

— Vous êtes fataliste ? dit Chanvallon.

— Comme un homme qui revient d'Orient.

— Et le poignard qui a frappé Kléber ne vous fait pas réfléchir ?

Bonaparte tressaillit.

— Ne me parlez pas de cela, dit-il vivement ; pauvre Kléber !... un homme !

— Une victime.

— Adieu, monsieur, dit Bonaparte, évidemment désireux de rompre cet entretien.

— Un mot encore, général, reprit Chanvallon.

— Faites vite, monsieur, je me suis déjà trop attardé.

— En effet, car vous avez ce soir un dîner de gala.

— Qui vous l'a appris ?

— Suivi d'une représentation dramatique par quelques comédiens des Français.

— Comment l'avez-vous su ? dit Bonaparte étonné.

— Comme toujours... en passant, répondit Chanvallon.

— Alors, monsieur, vous voyez que mes instants sont comptés.

— Aussi, général, je n'ai d'autre dessein que de vous demander le chemin que vous comptez prendre.

— Le plus court, parbleu !

— Le plus court est celui de droite : il longe Louveciennes, et aboutit, par Saint-Cucuphat, à la Malmaison.

— Effectivement, dit Bonaparte, et c'est celui que je vais prendre.

— A votre place, général, je prendrais le chemin de gauche, qui descend à Bougival et conduit chez vous par la chaussée.

— Mais c'est le plus long !

— Je le sais bien, dit Chanvallon, et cependant c'est celui-ci que je prendrais... à votre place.

En parlant ainsi, la voix et le regard de Chanvallon avaient une expression étrange.

Bonaparte en parut frappé.

Il demeura silencieux pendant quelques minutes ; à la fin, comme si une idée subite traversait son cerveau.

— Tenez, mon cher, s'écria-t-il, vous feriez mieux

d'avouer tout de suite que vous êtes un agent attaché par Fouché à ma personne. Dans ce cas, je ne perdrais pas mon temps à causer avec vous, et je vous laisserais faire discrètement votre métier, en vous permettant de me suivre... à quinze ou vingt pas de distance.

Ce fut au tour de Chanvallon de rougir et de s'offenser.

— Votre perspicacité vous égare d'une façon injuste, général; j'ai, Dieu merci, le droit de marcher à votre côté, répondit-il noblement.

— Soit, je ne demande pas mieux que de me tromper, dit Bonaparte; mais ce conseil de prendre un chemin plutôt qu'un autre...

— Sans être fataliste comme vous, j'écoute certains pressentiments, et c'est à un de ces pressentiments-là que j'obéis.

— Allons, je prendrai donc le chemin de Bougival... Vous voyez que je ne suis pas aussi obstiné qu'on veut bien le dire. Mais je ne prétends pas vous déranger de votre route, et...

— Ma route est aussi la vôtre, général, s'empressa de répondre Chanvallon; ne me privez pas de l'honneur de vous accompagner.

— A votre aise, monsieur.

Tous deux recommencèrent à marcher ; mais la conversation s'était ralentie entre eux. Cela se comprend : Bonaparte ne se souciait pas de se livrer à un inconnu ; — de son côté, Chanvallon était tout entier aux impressions que soulevait et développait dans son esprit la présence du jeune conquérant en qui tout le monde s'accordait déjà à voir « l'homme du destin. »

Il repassait cette existence, déjà marquée, à trente ans, de tant d'événements prodigieux.

« *Il était une fois...* » Ainsi devrait commencer cette biographie unique, qui participe du conte et du poëme. Il était une fois un enfant qui vint au monde sur un tapis représentant une bataille, d'un père orateur et d'une mère « qui avait fait la guerre. » Cet enfant ne marqua ses premières années par aucun de ces traits qui font crier au phénomène ; il fut au contraire silencieux, rêveur : et dans son séjour à l'école française de Brienne, où on l'envoya, il préféra toujours la solitude à la compagnie de ses camarades.

Cet enfant fut vite un homme. — Tout en mangeant des cerises à Valence avec une jeune fille, il remporta un prix de philosophie au concours de l'académie de Lyon. La Révolution grondait alors sourdement comme un tonnerre lointain, et sans doute il l'écoutait venir en comprimant les battements de sa poitrine ; sans doute il se disait que son heure était près de sonner. Il vit, avec le pâle sourire qui lui était habituel, planter le premier arbre de la liberté. Mais quand un homme du peuple s'en vint poser un bonnet rouge sur la tête du roi Louis XVI, il fronça le sourcil, — et il retourna en Corse.

Il retourna en Corse, laissant faire la grosse besogne de la république à ceux qui s'appelaient Robespierre, Marat, Danton. Seulement, comme il fallait un aliment à cette âme de feu, avec une poignée de ses compatriotes il essaya énergiquement de repousser l'invasion anglaise.

L'heure avançait cependant où son génie allait pouvoir se révéler. Toulon était à prendre. On jeta les yeux sur lui et on en fit un commandant d'artillerie. La gravure a maintes fois reproduit l'arrivée de ce jeune homme maigre et jaune, — la main dans son trop large habit républicain, — parmi les représentants du peuple et les généraux, subjugués par son audace. Dédaigneux et ferme, il balaya l'ineptie et força ses chefs à lui laisser « faire son métier, » comme il disait. On se rangea alors en cercle autour de son sang-froid, — et le premier boulet qui s'élança du canon pointé par lui fut le signal qui l'annonça au monde.

Son prestige venait de commencer. Il forme son état-major à la batterie des hommes sans peur ; voilà de la graine de ducs et de princes toute trouvée. « Avancez ce jeune homme, — écrit le général Dugommier au Comité de salut public, — ou bien il s'avancera seul. »

Après une première excursion en Italie, Napoléon rentre à Paris et refuse un commandement en Vendée. Il attend. Attendre fut son premier secret. Un jour qu'il fallait réprimer une émeute, la Convention le nomma général de l'armée de l'intérieur. Ce fut dans ce poste qu'il put étudier de près la population des faubourgs, avec laquelle il se trouva souvent en relations directes. — De cette époque date son mariage avec Joséphine.

Quelque temps après ce mariage, Napoléon partait pour cette célèbre campagne d'Italie, où il devait jeter le fondements de sa domination, et où devaient être aussi surpassés les plus hauts faits de l'antiquité guerrière. Là, chacun de ses pas est une épopée, — soit qu'il relève le courage abattu de trente mille soldats manquant de tout ; — soit qu'en moins d'une semaine il détruise deux armées et s'ouvre un royaume défendu par les Alpes ! — soit qu'avec douze cents hommes, et sur une seule menace, il en amène quatre mille à reddition ; — soit que tour à tour et à la fois capitaine, diplomate, négociateur, il jette l'épouvante dans la cour de Vienne, force le pape à capituler, abatte le lion de Saint-Marc, refuse deux millions d'une toile du Dominiquin, ou signe en dernier lieu, au fond d'un modeste village, un traité sans exemple dans les fastes historiques. Magnifique dénoûment de ce drame improvisé, qui commença pour les puissances étrangères cette immense stupéfaction de vingt années, et pour la France ce fanatisme d'enthousiasme dont elle ne s'était jamais prise pour aucun triomphateur !

Plus rapide que l'éclair, sa jeune renommée éblouissait le monde à lueurs soudaines et précipitées. A peine âgé de vingt-sept ans, il était devenu un demi-dieu pour ses soldats ; sa parole heurtée, imagée, allait de rang en rang frapper ces hommes droit au cœur et les transfigurer en géants de la fable. Ils avaient surtout en lui cette foi ardente qui fait accomplir des miracles ; et ils auraient marché sur les flots, persuadés qu'à sa voix, comme à celle d'un autre Moïse, les flots allaient s'entr'ouvrir pour leur livrer passage.

Paris imita les soldats, Paris se jeta sous le char de Bonaparte. Mais celui-ci n'accepta de ces honneurs que tout juste ce qu'il lui en fallait pour attendre, — car il attendit encore. Il se déroba aux acclamations qui le poursuivaient dans les rues et dans les théâtres, et, courant au-devant des désirs jaloux du Directoire, il tourna ses regards vers l'Égypte, et partit bientôt pour cette expédition inouïe, dont le projet était sans doute éclos dans sa tête à la lecture des conquêtes dioclétiennes. La brûlante majesté du désert attirait ses pas; celui qui avait fait élever un monument à Virgile devait aspirer à relever les statues enfouies des Pharaons et à planter l'étendard français à côté des aigles romaines. Ses deux ennemis furent le soleil et la peste. Ils ne l'empêchèrent pas pourtant d'imprimer son pied sur le mont Thabor, et d'étonner une galerie homérique de quarante siècles au spectacle d'un combat de dix-neuf heures qui restera comme une consécration éternelle des armes de la France!

Mais le dernier moment de la république était proche; un gouvernement débile s'affaissait. Bonaparte se hâta d'accourir à Paris. Cette fois, son ambition laissa tomber ses voiles. Après avoir joué l'audacieuse partie du 18 brumaire, il s'installa aux Tuileries; — et, pendant la première nuit qu'il y passa, on raconte que le talon de sa botte ne cessa de retentir jusqu'au matin sur les parquets sonores du palais de la monarchie.

Le voilà donc Premier consul! Il avait trente ans. Les pompes et les fêtes, dont la nation se plaisait à l'entourer, n'avaient point entamé sa nature spartiate. Il savait la valeur des vanités, et regardait une ovation plutôt comme un moyen que comme un but. Il comptait avec l'enthousiasme, et lisait une victoire prochaine dans les acclamations qui saluaient sa voiture attelée de six chevaux blancs.

C'est cette période qui délimite le commencement de ce récit.

Le palais des Tuileries, « triste comme la grandeur, » n'était pas la seule habitation du Premier consul. Depuis deux ans environ, Joséphine avait acquis pour lui le superbe domaine de la Malmaison, qu'elle devait si considérablement embellir.

Bonaparte y venait régulièrement passer la soirée du nonidi, la journée du décadi et la matinée du primidi, c'est-à-dire le samedi, le dimanche et le lundi de chaque semaine.

C'était dans cette délicieuse propriété, — et quelquefois aussi dans les environs, comme on vient de le voir, — qu'il aimait à promener ses rêveries.

La bonne Joséphine l'avait souvent prié de ne pas dépasser l'enceinte du parc ; mais il se jouait de ses anxiétés et se plaisait à dépister les serviteurs envoyés à sa recherche.

Ce jour-là devait être compté au nombre des plus alarmantes escapades de Bonaparte.

Il approchait de la Malmaison, par la grande route, avec le compagnon que le hasard lui avait donné, lorsqu'il vit venir au-devant de lui une dizaine de personnes.

—Quand je vous le disais ! dit-il en riant à Chanvallon.

Chanvallon ne répondit pas, mais il eut comme un soupir de soulagement en apercevant cette petite troupe.

Le Premier consul s'arrêta délibérément devant lui, et lui dit avec une intention moqueuse :

—A présent que vous devez être parfaitement rassuré sur ma personne, monsieur Chanvallon, recevez mes remercîments... et mes adieux.

Chanvallon ne bougea pas.

Il dit :

— Vos remercîments sont de trop, général... je n'ai fait que ce que je devais faire. Quant à vos adieux...

— Eh bien?

— Vous pouvez les ajourner, car, moi aussi, je vais à la Malmaison.

— Comment?

— Je suis un de vos invités.

Pour le coup, le Premier consul fit un pas en arrière.

— Dans ce cas, dit-il, je ne peux tarder longtemps à vous connaître.

Chanvallon ne répondit que par son perpétuel sourire.

On avançait vers Bonaparte ; c'étaient Duroc, Bourrienne, Isabey, Rœderer, auxquels s'étaient joints quelques serviteurs.

Dès qu'il fut à portée de voix, Rœderer dit avec une agitation visible :

— Il ne vous est rien arrivé, général?

— Rien du tout.

— Dieu soit loué ! reprit Rœderer ; en vérité, général, vous devriez renoncer à ces promenades solitaires... Ces bois de Marly sont mal hantés depuis quelque temps ; j'ai des renseignements, des indices...

— Poltron! dit Bonaparte.

— M. Rœderer vient d'exprimer le vœu de tous, ajouta Bourrienne.

— Mettez-moi en cage tout de suite!

A la grille de la Malmaison, devant laquelle on se trouva bientôt, d'autres personnes étaient réunies, averties du retour du Premier consul.

Avant d'entrer, il se retourna pour chercher des yeux Chanvallon; mais celui-ci avait disparu.

— Bah! pensa Bonaparte, si c'est un invité en effet, je suis bien sûr de le revoir... Singulier jeune homme!

II

En débouchant sur la belle pelouse qui fait face au château, Bonaparte se heurta à une partie de colin-maillard organisée par la folâtre Hortense, sa belle-fille.

Les invités officiels n'étaient pas encore arrivés ; il n'y avait là que les familiers, les intimes.

D'abord, les sœurs de Bonaparte, Élise, Caroline et Pauline, trio charmant, à qui l'avenir réservait trois couronnes ; puis les femmes de ses principaux officiers, madame Lannes, madame Marmont, madame Duroc, madame Mortier, madame Davout, toutes plus radieuses et plus enjouées les unes que les autres, — pas encore duchesses.

Parmi les hommes on remarquait Lucien Bonaparte, dont l'esprit était du meilleur aloi ; Louis, plus grave, mélancolique même ; Jérôme, la pétulance, la folie incarnées ; Eugène de Beauharnais, une figure sympathique.

La partie de colin-maillard était commencée depuis un quart d'heure environ.

C'était à Jérôme qu'était échu le bandeau sur les yeux.

Les bras étendus en avant, les pas indécis, l'oreille au guet, il allait, reculait ou se précipitait au milieu des éclats de rire.

Les uns le tiraient par l'habit en se sauvant ; d'autres venaient tranquillement lui frapper sur l'épaule ; tout le monde lui criait : Casse cou !

La présence soudaine du Premier consul n'interrompit pas ces ébats ; lui-même, il fit signe de continuer.

Mais, au moment où il s'y attendait le moins, Hortense le poussa malicieusement vers Jérôme.

Celui-ci saisit vivement la lévite qu'il rencontra sous sa main, en s'écriant :

— Un prisonnier !

Ce fut une explosion d'hilarité.

Bonaparte fit de vains efforts pour se dégager.

— J'en tiens un ! répétait Jérôme.

Et il tenait bien.

— Lâchez-moi donc, *Gerolamo !* dit à la fin le Premier consul.

—Mon frère ! s'écria le jeune Corse qui avait détaché son bandeau.

Bien qu'il ne dédaignât pas de se mêler assez souvent à ces jeux (il avait une préférence marquée pour les barres), Bonaparte refusa, ce jour-là, de prendre la place de son frère et d'accepter le mouchoir qu'il lui tendait.

Il passa chez Joséphine.

Les appartements de madame Bonaparte, séparés de ceux de son mari, étaient situés au premier étage du château. Sa chambre à coucher existe encore aujourd'hui telle qu'elle était alors. C'est une pièce en rotonde, au plafond bleu de ciel, et tendue de velours pourpre broché d'or. La lettre J est partout répétée, dans des médaillons, au dos des fauteuils, au fond des tête-à-tête en forme de lyre. Le lit, ombragé de rideaux de soie pleuvant d'un riche baldaquin, représente une nef, avec un cygne d'or sculpté à la proue, ailes reployées ; — c'est une merveille de légèreté et de grandeur.

Joséphine se concertait, pour sa toilette du soir,

avec une de ses femmes de chambre, qu'elle congédia à l'approche de Bonaparte.

Elle se leva avec sa grâce nonchalante, et lui porta son front à baiser.

— Je suis aise de te voir, mon ami, j'ai mille choses à te dire.

— Oh! oh! si tu crois que j'ai le temps de les entendre! répliqua Bonaparte.

— Le temps! toujours le temps! dit Joséphine d'un ton boudeur ; tu ne m'as jamais aimée qu'en courant.

Bonaparte ne put s'empêcher de sourire, et, s'asseyant auprès d'elle :

— Parle, lui dit-il, je t'accorde quinze minutes.

— Quelle générosité!... D'abord je veux ton opinion sur cette paire de bracelets avec leurs cadenas en brillants.

— Magnifiques!

— Ils m'iront à ravir, s'écria-t-elle.

— Je n'en doute pas, mais...

— Mais quoi? interrogea Joséphine.

— Tu vas dire que je gronde toujours... Ces bracelets doivent coûter fort cher.

— Moins que tu ne crois, répondit-elle avec un peu d'hésitation : douze mille francs.

— Non, dit Bonaparte, quinze mille.

— Qui t'a instruit...?

— Voici la facture, reprit-il en tirant un papier de sa poche.

— Oh! c'est mal de me tendre de tels piéges! murmura-t-elle, toute confuse.

Puis, son caractère aimable reprenant le dessus :

— Eh bien, dit-elle, je suis sûre que je les aurais obtenus à douze mille francs, en marchandant.

— Voyez-vous la belle marchandeuse! s'écria Bonaparte raillant.

— Je suis plus femme de ménage que tu ne sembles le croire.

— Est-ce tout ce que tu as à me dire?

— Attends donc... reprit Joséphine ; tu te rappelles sans doute que tu m'as permis d'inviter aujourd'hui et de te présenter une de mes amies, la marquise d'Ermel?

— La marquise d'Ermel? quelle sorte d'amie est-ce là? demanda Bonaparte dont les traits se rembrunirent.

— Rassure-toi ; Louise est la décence et la distinction mêmes ; jamais sa conduite n'a fourni de prise à la malignité.

— Tant mieux, car je suis las des grandes coquettes de ce temps, des reines de la mode, comme on les appelle!

— Mon ami, tu sais bien que je leur ai fermé ma porte, dit Joséphine avec douceur.

— Et tu as bien fait, continua-t-il en s'irritant; la patience aurait fini par m'échapper un de ces jours... Où et quand as-tu connu cette marquise d'Ermel?

— Je l'ai connu peu de temps avant les mauvais jours de la Révolution... il y a...

— C'est bien, interrompit Bonaparte.

— Louise est plus jeune que moi, poursuivit Joséphine; nous nous rencontrions dans les meilleurs salons, où son excellente noblesse lui donnait accès.

— Ah! elle est d'une ancienne noblesse! dit Bonaparte radouci.

— De plus, Louise est fort jolie : c'est ce qu'on appelle une beauté intéressante.

— Elle a sans doute, comme tout le monde, quelque faveur, quelque grâce à me demander?

— Aucune, mon ami.

— C'est extraordinaire! dit Bonaparte.

— La marquise d'Ermel est riche et indépendante, ajouta Joséphine.

— D'où lui vient sa fortune ?

— De son mari.

— Et ce mari, où est-il?

— Mort dans l'émigration, je crois.

— Alors, la marquise d'Ermel est une émigrée? dit Bonaparte.

— Non, elle n'a pas suivi son mari.

— Ah !

— Elle est restée cachée à Paris pendant la Terreur, dit Joséphine.

— Seule ?

— Je l'ignore. Je n'ai jamais osé l'interroger sur cette période de sa vie, qui paraît recéler un mystère. On a parlé du dévouement obscur d'un jeune homme du peuple.

— Du romanesque! dit le Premier consul en ricanant.

Il se leva.

— Allons, reprit-il, nous verrons la marquise d'Ermel... Il y a peut-être là une femme pour un de mes généraux.

— Comment convient-il que je la place à table? demanda Joséphine.

— Entre toi et Cambacérès, répondit-il après avoir réfléchi un instant.

— Merci !... Tu sors, Bonaparte? déjà !

— Les quinze minutes sont expirées, dit-il en consultant sa montre.

— C'est vrai.

Joséphine étouffa un soupir.

Vers cinq heures et demie, les invités du Premier consul étaient rassemblés dans la galerie de la Malmaison.

Ces habits brodés, ces riches uniformes, ces robes de gaze, formaient un coup d'œil plein d'éclat, que rehaussaient encore les chefs-d'œuvre de peinture et de sculpture qui décoraient cette galerie.

A un certain moment, on annonça madame la marquise d'Ermel.

Son entrée fit sensation, comme on disait autrefois. C'était bien la femme élégante et charmante qu'avait annoncée Joséphine. Petite plutôt que grande, mais svelte, on ne lui aurait pas donné plus de vingt ans, tandis qu'en réalité elle en avait vingt-sept.

Avec autant d'agilité que lui en permettait son pied boiteux, M. de Talleyrand, toujours soucieux de belles manières envers les femmes, s'approcha de la marquise d'Ermel, qu'il avait connue autrefois.

— Madame la marquise, lui dit-il, je veux être un des premiers à saluer votre rentrée dans le monde.

— Eh quoi! s'écria-t-elle avec un son de voix ravissant, vous vous souvenez de moi, monseigneur?

— Oh! oh! monseigneur! répéta-t-il en riant; mon évêché est bien loin!

— Excusez-moi, Excellence...

Les époux Bonaparte, entrant dans la galerie, interrompirent ce petit dialogue. Joséphine fit un excellent accueil à la marquise, et le Premier consul lui-même trouva pour elle un mot aimable, comme il savait en trouver quand il le voulait.

On dînait à six heures à la Malmaison. Le repas fut ce qu'il était alors et ce qu'il fut toujours sous Napoléon, court et médiocre. Depuis qu'il avait failli tomber malade à la suite de ses veilles nombreuses, le grand homme se conformait à un régime sévère qui lui avait été tracé par Volney, dans une lettre remarquable, écrite à la sollicitation de Joséphine.

Mais s'il ne se plaisait pas à table, il tolérait volontiers qu'on y restât après lui. Cela gênait horriblement les gens comme Cambacérès, partagés entre leur désir de courtisanerie et leur vocation gastronomique.

Il fallait voir le Deuxième consul s'essuyer la bouche en soupirant, et s'arracher péniblement de son fauteuil, pour suivre, à travers le salon de conversation, les évolutions capricieuses de son glorieux collègue. Cambacérès se consolait en pensant aux longs et fins soupers qui l'attendaient dans son hôtel d'Elbeuf, sur la place du Carrousel, en compagnie de d'Aigrefeuille et de Grimod de la Reynière.

Pendant la réception qui suivit le dîner, les regards de Bonaparte semblèrent plusieurs fois chercher quelqu'un.

Il était distrait en adressant la parole à Lacépède; il regardait vaguement par-dessus l'épaule de Sieyès, en s'informant de ses progrès en équitation.

C'est que Bonaparte pensait à ce jeune homme des bois de Marly, à ce Chanvallon qui s'était annoncé à lui comme un de ses invités, et qu'il n'apercevait pas.

Mais Bonaparte n'était pas fait pour se préoccuper longtemps de si peu de chose. Il secoua la tête et redevint tout entier à ses hôtes.

— Bonjour, Esménard! dit-il à un de ceux qui venaient le saluer à tour de rôle.

Esménard était le versificateur agréable à qui on

doit le poëme de *la Navigation*. Il possédait les bonnes grâces du général.

— Eh bien, lui demanda celui-ci, verrons-nous bientôt paraître quelqu'œuvre de vous?

— Général, répondit Esménard, ma muse est précisément en travail à l'heure qu'il est.

— Ah! ah! une ode? un dithyrambe, sans doute?

— Plus que cela... une épopée.

— Une épopée! répéta Bonaparte : voilà de l'ambition, monsieur.

— J'espère être soutenu par mon sujet, répondit modestement Esménard.

— Et quel est donc votre sujet? Je suis impatient de le connaître.

— Je veux célébrer toutes les gloires artistiques, scientifiques et littéraires de la France... sous le Consulat.

— Bravo! s'écria Bonaparte, ravi à l'idée d'inspirer une épopée; l'idée est magnifique! Venez donc en causer par ici.

Il passa familièrement son bras sous celui d'Esménard et l'entraîna dans un coin isolé du salon.

— Vous me communiquerez votre plan, lui dit-il.

— C'est trop d'honneur pour moi, général.

— Il faut faire une œuvre durable, digne de votre

verve, Esménard... Je vous vois d'ici écrivant sous la dictée de Calliope les noms de tous ceux qui ont illustré cette autre Renaissance !

— Général...

— Ce sera grandiose, reprit Bonaparte ; mais... il est indispensable de faire un choix parmi ces noms.

— Telle est mon intention, dit Esménard.

— Donnez-moi un aperçu de vos listes.

— Je ne sais si ma mémoire me servira bien.

— Oui, oui.

— Je procède donc à l'appel, et au hasard .. plus tard, je classerai.

— C'est cela.

Esménard se recueillit.

— Je commence par les savants, dit-il ; la Place, Cuvier, Monge, Fourcroy, Bertholet, Haüy...

— Très-bien.

— Lalande ?...

— Un athée, murmura le Premier consul ; n'importe, je lui ordonnerai d'avoir à croire en Dieu dans les vingt-quatre heures.

— Jussieu, Parmentier, Chaptal, Millin...

— Passez, passez. Tous nos savants méritent d'être inscrits sur vos tablettes d'or.

— J'arrive aux artistes, reprit Esménard, à David...

— Une mauvaise tête, dont j'ai commencé à calmer les bouillonnements.

— ...A Vien, à Regnault, à Girodet, à Vincent, à Gérard, à Guérin...

— Bien! bien! interrompit le Premier consul; arrivez aux écrivains.

— Avant les musiciens? demanda Esménard.

— Bah! les musiciens, cela n'a pas d'importance... Grétry, Méhul, Lesueur, Berton...

— Cherubini.

— A merveille! Donnez-leur du laurier autant que vous voudrez. Mais les écrivains, les écrivains! voilà ce qui est bien plus intéressant..., et bien plus inquiétant. Voyons vos écrivains, Esménard.

— Les vôtres, général.

— Je vous écoute.

— Je prends toujours au hasard, hommes de théâtre ou poëtes, journalistes ou philosophes : Daunou...

— Un républicain, dit Bonaparte.

— Bitaubé, Morellet, Mercier...

— Un original!

— Laya.

— Ou *l'Ami des lois*, ajouta Bonaparte; il force les portes. Après?

Esménard prononça les noms suivants en s'arrêtant après chacun d'eux, comme pour attendre une approbation ou un arrêt. Quelquefois le Premier consul se contentait de formuler un simple jugement.

— Bouilly, dit Esménard.

— Son *Abbé de l'Épée* m'a fourni l'occasion de rendre Sicard à la liberté. Accepté.

— Lemercier.

— Il a des rêves d'indépendance, mais ses tragédies offrent quelque chose de plus mâle que celles de ses confrères.

— Bernardin de Saint-Pierre?

— Bon pour l'immortalité.

— Suard?

— Le vétéran des Aristarques; approuvé.

— Delille?

— Non! non! s'écria Bonaporte avec force. Émigré après la Terreur, Delille a chanté Georges III, et n'a jamais rien fait pour nous. Pas un vers à la gloire de nos braves! Que dis-je? dans une édition anglaise de ses *Jardins*, n'a-t-il pas, ce poëte antipatriote, substitué la description de Kensington à celle de Versailles?. Rayez Delille comme il nous a rayés.

Esménard s'inclina.

— Et Baour-Lormian? demanda-t-il.

— Bien.

— Ducis?

— Excellent... quoique royaliste.

Esménard parut hésiter; à la fin, il se décida à prononcer :

— Chénier?

— Oh! oh! fit le Premier consul; un jacobin endurci qui a fait ce vers malencontreux :

> Sur le front des héros les lauriers se flétrissent.

Qu'il s'immortalise lui-même !... Continuez.

— Ségur? articula Esménard.

— Excellent.

— Legouvé?

— S'il m'avait consulté, je lui aurais donné des conseils pour sa tragédie d'*Épicharis et Néron*.

— De Jouy?

— Passable, dit le Premier consul.

Un autre nom parut encore embarrasser le nomenclateur.

— Chateaubriand?

— Passez, fit sèchement Bonaparte.
— Arnault?
— Ses tragédies m'ont remué.
— Picard?
— Il m'a fait rire.
— Les deux Lacretelle?
— Médiocres et prudents ; je vous les abandonne.
— Boufflers?
— Oui, en faveur d'*Aline*. Ah! quel joli conte!
— Parny?
— Diable! dit le Premier consul, s'il n'avait chanté que son Éléonore, cela serait au mieux, mais il a bafoué la religion... ce n'est pas le moment de l'en complimenter.

Esménard poursuivit :
— Lebrun-Pindare?
— Hum! murmura Bonaparte; je sais que Lebrun-Pindare s'élève quelquefois jusqu'au génie, témoins ces vers insolents :

Ce globe est un atome où rampe avec fierté
L'insecte usurpateur appelé Majesté!

Il faut l'attirer à nous. Après?
— Andrieux, Saint-Ange, Vigée, Palissot, Chênedollé, Daru, Laujon?...

— Allez toujours.

— Fontanes.

— Qui me destine, je crois, une *Napoléide*. Je n'ai jamais été ingrat. Ensuite?

— C'est à peu près tout, dit Esménard.

Se ravisant :

— Faudra-t-il parler des femmes auteurs?

— A quoi bon? répondit Bonaparte; la femme la plus digne d'éloges est celle qui fait le plus d'enfants... Voyons pourtant vos noms.

— Madame Cottin? dit Esménard.

— Je n'aime pas les romans.

— Madame de Genlis?

— Ni l'histoire romanesque.

— La comtesse Fanny de Beauharnais?

— Ma tante? vous voulez plaisanter; elle ne se relèvera jamais du cruel distique :

> Églé, belle et poëte...

— Madame de Staël?

— Madame de Staël! répéta Bonaparte devenu pensif; il y a quelque chose dans cette tête-là... Elle a osé dire de moi : « C'est Robespierre à cheval. » Faites à votre guise, Esménard, et revenez me lire votre épopée.

Dans une autre partie du salon, Joséphine était le centre d'un cercle plus frivole.

Elle avait fait asseoir à son côté la marquise d'Ermel. Autour de ces deux charmantes femmes, s'empressait l'élite des jeunes militaires, le madrigal aux lèvres.

En sa qualité d'amie intime de madame Bonaparte, la marquise recueillait sa part de ces hommages. Elle y goûta d'abord un innocent plaisir, mais bientôt cet encens parut la fatiguer. Joséphine s'en aperçut et l'emmena dans un boudoir.

— J'ai hâte de causer avec vous seule à seule, lui dit-elle ; ici personne ne nous suivra.

— Causons donc, dit la marquise d'Ermel.

— Que pensez-vous de notre petite cour de la Malmaison ?

— Une véritable cour, en effet, et qui ne le cède en rien à l'ancienne ; je vous en fais tous mes compliments.

— A moi ? dit Joséphine.

— Sans doute ; n'en avez-vous pas été l'organisatrice ? n'en êtes-vous pas la reine ? répliqua la marquise.

— Ne causons pas de moi, ma chère amie... Comment trouvez-vous nos modernes conquérants ?

— Aussi aimables et aussi galants que nos ex-courtisans, avec cette supériorité que donne le sentiment d'une existence utile.

— Vous parlez comme un ange! s'écria Joséphine ; et... n'en avez-vous particulièrement remarqué aucun ?

— Aucun, répondit la marquise d'un air étonné : pourquoi me faites-vous cette question ?

— Vous ne le devinez pas ?

— Du tout, je vous assure.

— Je vais m'expliquer, dit Joséphine ; le général Bonaparte, dont la politique se préoccupe de tout, verrait avec plaisir des alliances entre les noms anciens et les noms nouveaux.

— Ah !

— Le vôtre est beau, sans contredit, mais nous en avons de glorieux à lui opposer... et je sais beaucoup de nos jeunes guerriers qui se disputeraient l'honneur de votre main.

— Ce serait vainement, dit la marquise d'Ermel en secouant la tête.

— De la fierté ?

— Oh ! non !

— Cependant votre veuvage ne saurait toujours durer, reprit Joséphine.

— Je m'y suis résignée, madame, répondit la marquise, dont le visage se couvrit d'une teinte de mélancolie.

— Cela n'est pas raisonnable... à votre âge !

— Je n'ai plus que l'âge de la douleur.

— Un tel langage !... murmura Joséphine ; n'essayez pas de m'abuser, ma chère Louise, vous avez un motif.

— Eh bien, oui.

— Un motif puissant?

— Le plus puissant de tous... un amour impossible, sans issue... pour quelqu'un que je ne peux pas épouser.

Joséphine se rapprocha de la marquise et lui prit affectueusement les deux mains.

— Voyons, lui dit-elle, laissez-moi invoquer ce titre d'amie que vous me donniez autrefois ; laissez-moi, comme autrefois, réclamer votre confiance tout entière.

La marquise baissa les yeux sans répondre.

Joséphine reprit :

— Pourquoi ne pouvez-vous pas épouser celui que vous aimez ? Il est donc marié?

— Non.

— Peut-être son rang est supérieur au vôtre ?

— Lui ! s'écria la marquise d'Ermel avec un accent de triste ironie.

Ce mot l'avait trahie.

Joséphine se rappela cette légende d'un jeune homme du peuple, à qui la marquise d'Ermel aurait dû son salut.

Elle crut avoir compris.

— Louise, achevez votre confidence.

— Je ne peux vous en dire davantage; excusez-moi. Plus tard, peut-être...

Joséphine soupira et se leva.

— Je n'insiste pas, dit-elle, mais vous allez être cause que le Premier consul me boudera pendant quelque temps.

Les deux femmes rentrèrent au salon.

Lorsque ce fut l'instant de se diriger vers la salle de spectacle, où, comme nous l'avons dit, les comédiens du Théâtre-Français avaient organisé une représentation, Bonaparte offrant la main à Joséphine, lui demanda négligemment :

— Savez-vous ce qu'on nous joue ce soir, ma chère ?

— Non, mon ami... Mais voici M. Fleury qui va nous l'apprendre.

En effet, Fleury, l'acteur si remarquable et si

brillant dans les petits-maîtres, Fleury, en sa qualité de semainier de la Comédie-Française, venait présenter au Premier consul le programme du spectacle.

Celui-ci y jeta les yeux et laissa échapper une exclamation.

— Qu'avez-vous ? demanda Joséphine.

— *Les Châteaux en Espagne !* dit Bonaparte ; on joue *les Châteaux en Espagne ?*...

— Eh bien, qu'y a-t-il de singulier à cela ?

— Vous ne pouvez pas me comprendre, ma chère.

Et, se parlant à lui-même, Bonaparte ajouta :

— J'y suis à présent ! Ma rencontre de ce matin, mon quidam du bois de Marly, qui récitait une tirade des *Châteaux en Espagne*... tout s'explique : la bizarrerie et la malice de ses réponses, son refus de se faire connaître... C'était un acteur, un des acteurs qui doivent jouer ce soir. Voilà mon invité mystérieux !

L'animation du Premier consul excitait au plus haut point l'étonnement de Joséphine.

La pièce commença.

Bonaparte n'y prêta qu'une médiocre attention. Ses prédilections n'étaient pas pour la comédie. Il jugeait inutile l'étude des sentiments bourgeois.

Selon lui, le théâtre ne devait être qu'une école de patriotisme, dans le sens le plus élevé, et le répertoire tragique de Corneille était son idéal.

Et puis, ce soir-là, ce n'était pas la pièce qui l'intéressait, — c'étaient les acteurs.

Les acteurs s'appelaient Baptiste aîné, Fleury, Michot.

Baptiste aîné jouait le rôle de Dorlanges, l'homme aux châteaux, créé par Molé ; Fleury jouait l'amoureux Florville ; Michot représentait Victor, le petit Victor « sur son âne monté, »

Fermant la marche avec un air de dignité.

Le Premier consul les connaissait tous, au moins de vue.

Il attendait Chanvallon.

Il l'attendait de scène en scène.

— Si bien grimé qu'il soit, il n'échappera pas à la certitude de mon coup d'œil, pensait-il.

Mais les actes se succédaient aux actes, les scènes succédaient aux scènes, et Chanvallon ne paraissait pas.

Le dépit du Premier consul allait croissant.

Il consultait de temps en temps le programme avec une impatience qui n'échappait à personne, et dont le secret aurait surpris bien du monde.

Enfin, *les Châteaux en Espagne* s'achevèrent sans que Chanvallon y eût figuré, même au dernier plan.

— C'est inconcevable! grommela le Premier consul.

Le rideau venait de tomber.

— Qu'avez-vous, mon ami? osa demander Joséphine; vous avez paru inquiet pendant tout le spectacle.

— Inquiet! où avez-vous pris cela? répliqua Bonaparte avec humeur.

— Est-ce que la pièce ne vous aurait pas amusé?

— Mais si, je vous assure... Il y a de l'observation, des traits heureux... Je veux même féliciter les acteurs.

— Cela est facile.

A l'heure du départ des invités de la Malmaison, les pensionnaires du Théâtre-Français se trouvèrent rangés à une distance respectueuse des regards de Bonaparte.

Il vint à eux.

— Messieurs, leur dit-il, vous m'avez réconcilié avec la comédie... C'est bien, très-bien...

Les acteurs s'inclinèrent.

Bonaparte les examina les uns après les autres, et reprit :

— Est-ce que parmi vous il n'y en pas un qui s'appelle Chanvallon ?

A cette interrogation, les acteurs s'entre-regardèrent en souriant et en hésitant.

Le régisseur Florence prit la parole.

— Général, dit-il, nous savions que vous connaissiez les noms de tous vos soldats, mais nous ignorions que ceux de nos moindres collègues vous étaient connus.

— Expliquez-vous, dit Bonaparte.

— Ce Chanvallon dont vous voulez bien vous informer...

— Eh bien ?

— C'est notre souffleur, dit Florence.

III

Le surlendemain de ce décadi, le ministre de la police, Joseph Fouché, se présenta aux Tuileries à l'heure accoutumée de son travail avec le Premier consul.

Imaginez une face morte et ridée, des yeux sans lueur, de grandes oreilles, vous aurez l'ex-oratorien à quarante-huit ans.

C'était l'impassibilité de Talleyrand, moins la finesse du sourire et l'air d'aristocratie.

Fouché était, avec Talleyrand, un des *indispensables* de Bonaparte. Tous les deux étaient subis sans être aimés.

Aussi Bonaparte ne prit-il point la peine de se retourner lorsqu'un huissier lui jeta le nom du ministre de la police.

Celui-ci demeura quelque temps immobile, debout, silencieux.

— Eh bien, monsieur, finit par lui dire le Premier consul, qu'est-ce que vous venez m'apprendre aujourd'hui? Êtes-vous toujours alarmiste? redoutez-vous toujours le réveil des anciens partis?

— Plus que jamais, général, répondit Fouché.

— J'en étais sûr... Ah! vous avez un zèle infatigable !

— La plus simple des vigilances, voilà tout.

— Et, sans doute, reprit Bonaparte, vous venez m'informer de quelque conspiration nouvelle?

— Justement, général.

— Prenez garde, monsieur le ministre; je commence à me blaser sur vos prétendues découvertes.

— Mon devoir n'en est pas moins de continuer à veiller sur vos jours, répondit Fouché.

— Mes jours auraient donc été de nouveau menacés? interrogea Bonaparte, demi-sérieux, demi-railleur.

— Oui, général, pas plus tard qu'avant-hier.

— Avant-hier, j'étais à la Malmaison.

— Ce n'est pas à la Malmaison que le complot a été organisé.

— Je l'espère bien.

— Mais dans le bois de Marly.

— Ah! dit Bonaparte, devenu attentif.

— On savait que vous aviez l'habitude de diriger de ce côté vos promenades solitaires, et avant-hier on vous y attendait sur divers points.

— Qui?

— Une dizaine d'individus armés, revêtus de différents déguisements... Heureusement ma police veillait, et elle a pu capturer la plupart d'entre eux. Je suis sur la piste des autres.

Le Premier consul s'était mis à marcher dans la chambre.

— Quels sont ces gens-là? demanda-t-il.

— Il y en a de toute sorte, répondit Fouché; c'est ce qui me fait croire à l'importance du complot, et surtout à l'existence d'une affiliation considérable et mystérieuse.

Le Premier consul se tut.

Au bout de quelques minutes, il dit, en interompant sa marche:

— Vous devez avoir la liste de leurs noms?

— Oui, général.

— Montrez-la-moi.

— Voici, général.

Bonaparte parcourut rapidement le papier que lui présentait Fouché.

— Des nobles, comme toujours, murmura-t-il ; des émigrés, des Vendéens... Votre complot, Fouché, ne sort pas de l'ordinaire.

— Peut-être.

Bonaparte continuait à lire, lorsque tout à coup il poussa une exclamation de surprise.

— Allons, dit-il, ce n'est pas possible !

— Quoi, général ?

— Quel nom avez-vous inscrit... là... au bas de la page... le dernier ?

— Chanvallon, dit Fouché.

— Chanvallon, répéta le Premier consul ; vous en êtes bien sûr ?

— Mais...

— Êtes-vous renseigné sur ce Chanvallon !

Le ministre de la police leva les yeux avec surprise sur le Premier consul.

Il ne concevait rien à son agitation.

— J'avoue, répondit Fouché, que le temps m'a un peu manqué pour compléter mes renseignements... Je sais seulement que ce Chanvallon est une espèce de pauvre diable...

— Mieux que cela, monsieur.

— Vous le connaissez, général ?

— C'est lui qui, dimanche, m'a sauvé de cette embuscade, dont vous venez de parler.

Fouché recula de quelques pas.

— Général, parlez-vous sérieusement ? demanda-t-il.

— Très-sérieusement.

— Vous me confondez.

— J'en ai confondu de plus habiles que vous, répliqua Bonaparte, enchanté de ce petit triomphe sur son ministre de la police.

Fouché se courba sous cette réplique sans que sa physionomie parût exprimer le moindre mécontentement.

Pourtant, il était piqué au jeu.

Il reprit :

— Puisque les choses sont ainsi, il faut que ce Chanvallon soit un traître.

— Pourquoi cela ? dit le Premier consul.

— Parce qu'on a trouvé chez lui des papiers, qui prouvent sa participation à ce complot.

— Étrange !

Bonaparte réfléchit, et dit au ministre de la police :

— Continuez à instruire cette affaire, mais n'en laissez rien transpirer dans le public.

— Malheureusement, dit Fouché, quelques arrestations n'ont pu se faire en secret.

— Quelle maladresse! s'écria Bonaparte. Allez, et tenez-moi au courant de tout cela.

Fouché était à peine sorti, que l'huissier de service venait dire au Premier consul :

— Général, madame la marquise d'Ermel demande instamment à être introduite auprès de vous.

La surprise de Bonaparte ne fut pas médiocre.

— Faites entrer, dit-il.

Il alla au-devant de la marquise d'Ermel.

Elle était pâle, et ses traits décelaient une violente agitation.

— Je ne m'attendais pas au plaisir de vous revoir si tôt, madame, dit Bonaparte.

— Excusez la liberté que j'ai osé prendre, général, murmura-t-elle en sentant ses genoux défaillir.

— Remettez-vous, madame, reprit-il en lui avançant un fauteuil.

Et impatient de connaître le motif de sa visite :

— Veuillez me faire savoir ce qui vous amène.

— Une grâce à vous demander, général....

Bonaparte eut un sourire, qui signifiait : *Déjà!*...

— Parlez, madame, dit-il.

— On a arrêté hier et incarcéré une personne à laquelle j'ai plusieurs raisons de m'intéresser.

— Du moment que vous vous intéressez à cette personne, elle ne saurait être bien coupable, j'imagine.

— Elle ne l'est pas du tout, général! s'écria la marquise d'Ermel.

— Alors, sous quel prétexte l'a-t-on arrêtée?

— Un prétexte, comme vous dites... quelque chose d'absurde.....

— Mais encore?

— Un prétendu complot, répondit la marquise, dont la voix tremblait.

— Ah! dit Bonaparte, indifférent en apparence.

— Rien de sérieux, ni de probable.

— Un complot..... contre qui?

— Je l'ignore..... un complot contre le gouvernement, sans doute, comme tous les complots.....

La marquise se troublait visiblement.

— Je connais cette affaire, dit Bonaparte. Fouché vient de m'en instruire à l'instant; le complot existe réellement : il était dirigé contre moi.

— Contre vous, général? c'est impossible!

— J'en ai eu la preuve entre les mains.

— Eh bien, un complot, soit... c'est possible... je ne sais pas... Mais ce qui est certain, c'est qu'on a enveloppé un innocent parmi les auteurs de ce complot.

— J'en serais surpris, dit Bonaparte ; la police de Fouché se trompe rarement.

— Elle s'est trompée, général, elle s'est trompée ! je vous l'affirme... Il ne peut y avoir qu'erreur ou méprise... je vous le jure !

— Cette chaleur...

— Est celle qui se doit à tout individu injustement accusé.

Le Premier consul garda le silence.

Après quelques réflexions, il dit à la marquise d'Ermel :

— Ainsi, madame, vous répondez de la parfaite innocence de cet individu ?

— J'en réponds.

— Sur votre honneur de marquise ?

— J'en réponds, répéta-t-elle, haletante d'espoir.

— C'est bien, dit Bonaparte ; je vais vous signer un ordre d'élargissement.

Il prit une plume.

— Où votre protégé est-il détenu ?

— A la Conciergerie.

— Quel est son nom ?

Bonaparte s'attendait à entendre nommer quelque noble, un de ceux dont il venait de parcourir la liste.

Il fut surpris de voir la marquise hésiter à cette question, pourtant si naturelle.

— Eh bien ? dit-il.

— Général, balbutia-t-elle, mon protégé est un homme sans naissance.

— Peu m'importe !

— Son obscurité aurait dû suffire à le préserver de toute dénonciation.

— Encore faut-il que je sache comment il s'appelle !

— Il s'appelle Chanvallon, dit la marquise d'Erme[1].

Le Premier consul était destiné à marcher d'étonnement en étonnement.

Il rejeta la plume loin de lui, par un mouvement dont il ne fut pas maître.

— Toujours ce nom ! s'écria-t-il ; est-ce une gageure, à la fin ?

— Général..., prononça la marquise sans rien comprendre à cette exclamation.

— Se moque-t-on de moi? ai-je affaire à Dugazon

ou au mystificateur Musson? Qu'est-ce que c'est que cet homme qui est partout, qui se trouve mêlé à tout? Assez d'énigmes comme cela!

— Une énigme! répéta machinalement la marquise en suivant avec inquiétude les gestes de Bonaparte.

— Je veux voir clair dans cette affaire, continnat-il en se promenant à grands pas.

Puis, s'arrêtant tout à coup devant la marquise :

— Madame, vous avez pu apprécier jusqu'à ce moment combien ma discrétion était grande.

— Que voulez-vous dire, général?

— Mais maintenant j'ai besoin de connaître la vérité, toute la vérité.

— Expliquez-vous.

— Je désire que vous me disiez la nature de vos rapports avec ce M. Chanvallon.

— Je pourrais m'y refuser, général, répondit la marquise offensée.

— Comme vous voudrez.

Elle eut peur, et surmontant un sentiment de dignité :

— L'intérêt que je porte à M. Chanvallon, dit-elle, m'est dicté par la reconnaissance. Il a sauvé mes jours dans des circonstances difficiles, à l'époque de la Terreur.

Bonaparte eut un sourire presque dédaigneux.

— Je comprends, dit-il ; il vous a cachée en se cachant lui-même.

La marquise d'Ermel sentit le trait et répondit en se redressant :

— Il n'y avait alors aucun déshonneur à cela... Rappelez-vous, général, que votre beau-fils chéri, Eugène de Beauharnais, est demeuré caché pendant le même temps dans la boutique d'un menuisier, à Croissy.

— C'est vrai, dit Bonaparte ; veuillez recevoir mes excuses, madame la marquise... Mais parce que M. Chanvallon a préservé vos jours, cela ne prouve pas qu'il n'ait pas voulu attenter aux miens.

— Je croyais vous avoir répondu de lui et avoir engagé mon honneur comme garant du sien.

Bonaparte était embarrassé.

Il sortit violemment de cette situation, selon sa coutume.

— Madame la marquise, dit-il, vous me voyez au regret d'être obligé de revenir sur ma première décision ; mais les intérêts du gouvernement que je représente me le commandent.

— Ainsi cet ordre d'élargissement...

— N'est retardé que de quelques heures, je l'espère.

La marquise soupira, et, rencontrant le dur regard de Bonaparte, elle jugea qu'il était inutile d'insister.

Il la reconduisit jusqu'à la porte de l'appartement.

Une fois seul :

— C'est réellement une jolie femme, pensa-t-il ; il ne faut pas que son veuvage se prolonge plus longtemps... Cela serait injurieux pour mes officiers... Voyons, cherchons celui que je pourrais bien lui faire épouser... Dumay... Lestang... Sorieu... Non... Ah ! Lafosse !... Oui, Lafosse... Il est beau, brave... Capitaine à vingt-six ans, adjutant général à vingt-neuf, général de brigade à trente-deux, cela fera un excellent mari... Je me charge de son avancement... Mais si elle refuse ?... Il y a dans son regard quelque chose de fier et d'obstiné que j'ai surpris plusieurs fois...

Bonaparte demeura rêveur pendant quelques moments.

Il se frappa le front.

— Bon ! s'écria-t-il, n'ai-je pas le moyen de lui

arracher son consentement? Ce Chanvallon que j'oubliais!...

Bonaparte reprit la plume qu'il avait jetée et traça ces lignes à l'adresse de Fouché :

« M'envoyer d'ici à ce soir une note aussi complète que possible sur le nommé Chanvallon.

« M'envoyer également tous les papiers et toutes les lettres saisis chez lui. »

L'huissier allait sortir, emportant cette dépêche, lorsque le Premier consul le rappela.

Bonaparte se remit à sa table et griffonna un second billet.

— Ceci au général Lafosse, dit-il.

Un roulement de tambours, mêlé à un grand bruit d'armes, vint changer le cours de ses préoccupations.

Il y avait une revue annoncée pour ce jour-là sur la place du Carrousel.

Bonaparte consulta la pendule, prit sur un meuble un chapeau sans galon, et se dirigea vers le grand escalier.

Il portait un uniforme d'une simplicité outrée, sans aucune broderie.

Pour contenance, un fouet à la main.

Ce n'était pas qu'il détestât la pompe extérieure; en d'autres occasions il se montrait avec complaisance sous un magnifique habit de velours violet, dont l'or dissimulait toutes les coutures. Plus tard, pendant la période impériale, on le vit se vêtir de satin blanc à rosettes et à bouffettes, s'affubler d'un petit manteau et se coiffer de plumes comme un troubadour du théâtre Feydeau.

En toutes choses, il tenait à étonner.

Les salles du palais des Tuileries étaient remplies d'un grand nombre de personnes qui attendaient sa présence, contenues par les huissiers à chaîne et par les domestiques à la livrée vert et or.

Un murmure flatteur, mais respectueux, salua son passage.

Il ne regarda personne et descendit rapidement l'escalier, bordé de deux haies de soldats.

Son état-major l'attendait sous le vestibule.

Si, pour étonner le peuple parisien, Bonaparte avait compté sur le contraste de sa mise avec celle de ses généraux et de ses aides de camp, il faut convenir qu'il y avait complétement réussi.

Ceux-ci éblouissaient le regard par leurs riches pelisses, leurs épaulettes étincelantes, leurs armes précieuses, les selles splendidement ouvragées de leurs chevaux.

Bonaparte monta sur son cheval blanc, qui piaffait d'impatience.

La place du Carrousel offrait en ce moment un imposant tableau, favorisé par un soleil superbe.

Dans la cour étaient rangés en bataille plusieurs régiments d'infanterie.

Au delà de la grille, sur la place, s'étendait la cavalerie, au milieu de laquelle la petite troupe des mamelucks se faisait remarquer par l'étrangeté de son costume.

La foule apparaissait à toutes les issues de cette place.

Lorsque le Premier consul parut à cheval, ce fut une immense clameur.

Les tambours battirent aux champs.

Il parcourut d'abord le front de bandière, suivi à distance de son brillant cortége.

Puis il dépassa la grille.

Là, il se trouva en communication plus intime avec le peuple, qui avait toutes les peines du monde à ne pas franchir les lignes militaires.

Les femmes agitaient leurs mouchoirs; les hommes levaient leurs chapeaux. Tous les visages respiraient l'enthousiasme, la confiance. Le 18 brumaire était oublié. Que dis-je? il était absous, approuvé.

Les vivats retentissaient, poussés dans l'ordre suivant :

— Vive le général Bonaparte !
— Vive le Premier consul !
— Vive la république !

Bonaparte saluait gravement, d'un air rêveur.

Revenu dans la cour du Carrousel, il voulut parcourir à pied les rangs de l'infanterie.

Plus attentif, une main derrière le dos, l'autre dans son gilet, il jetait de rapides regards à droite et à gauche.

Il s'arrêtait dès que le premier soldat venu lui présentait les armes pour lui demander quelque chose.

— Prenez note de cela, disait-il à l'un de ses aides de camp, après avoir écouté.

Et il passait.

Les moindres détails lui sautaient aux yeux.

— Qu'as-tu à ton pied? demanda-t-il à un jeune soldat.

— Moi, général? fit celui-ci troublé... Ah ! c'est ma guêtre qui est défaite.

Bonaparte était déjà loin.

De temps en temps, il prenait du tabac dans une petite boîte d'écaille.

Revenu devant la porte des Tuileries, son attention se porta sur les personnes qui, par faveur, occupaient les fenêtres du rez-de-chaussée ; et ayant reconnu madame Grassini, la cantatrice, il se mit à la regarder aussi tranquillement que s'il eût été au théâtre.

La chronique prétendait que Bonaparte, en Italie, avait eu des soins pour cette belle personne.

Il s'avança vers elle.

— Vous venez donc nous voir, madame Grassini ? lui dit-il ; vous n'avez pas craint le soleil pour votre teint ?

Et, sans lui laisser le temps de répondre, il se retourna du côté de ses troupes.

Il remonta à cheval pour commander quelques manœuvres.

Une d'elles excita particulièrement l'admiration générale.

L'infanterie s'étalait en ligne d'un bout du Carrousel à l'autre, c'est-à-dire du pavillon Marsan au pavillon de Flore.

Le mouvement en voie d'exécution était la charge à la baïonnette.

Bonaparte, adossé au pavillon de l'Horloge, voyait arriver à lui, le pas pressé, cette longue, droite et étincelante barre de fusils.

Soit distraction, soit tout autre motif, il ne se hâtait point de commander *halte !*

Ce ne fut que lorsque ce rempart de baïonnettes se trouva à deux lignes de son cheval, et au moment où un inexprimable sentiment d'inquiétude étreignait toutes les poitrines, que le mot attendu sortit de sa bouche, prononcé d'une voix forte.

Lors du défilé, qui s'opéra au son d'une musique déjà supérieure, — on fut frappé de la bonne mine d'un bataillon de marins, qui portaient, parmi leurs armes, des grappins d'abordage.

La revue terminée, Bonaparte se rendit dans la salle du corps diplomatique, où étaient réunis les deux autres consuls, et où devait avoir lieu la présentation de plusieurs étrangers de distinction.

Cette salle était presque entièrement décorée avec les drapeaux conquis.

Le consul Lebrun et le consul Cambacérès étaient vêtus tous deux d'habits d'écarlate brodés d'or.

Sous ce riche costume, Lebrun semblait regretter le temps où il traduisait *le Tasse*, dans un humble réduit. Sa tête, couronnée de cheveux blancs, ses traits affables, ses manières engageantes, tout en lui décelait un sage et un philosophe.

L'attitude de Cambacérès était plus roide, plus prétentieuse ; son regard était plus fauve, sa voix était plus aigre.

Auprès d'eux se tenait le grand juge, en costume de cérémonie, lui aussi.

Les présentations commencèrent.

Le Premier consul, qui faisait l'apprentissage du pouvoir, causait avec une affabilité attentive, dont il devait se départir plus tard.

L'ambassadeur des États-Unis fut un de ceux avec lesquels il s'entretint le plus longtemps et avec le plus d'intérêt. Il ne se lassait pas de l'interroger sur cette république à son aurore, — sur son commerce, sur sa population, sur ses mœurs, sur ses espérances.

Il échangea ensuite quelques propos avec le prince héréditaire de Wurtemberg.

Puis, Lebrun lui présenta Kotzebue, l'auteur de *Misanthropie et repentir*, un littérateur fâcheusement doublé d'un agent politique.

Bonaparte s'exprima en termes légèrement moqueurs sur la sentimentalité allemande.

— Je n'aime pas les drames larmoyants, dit-il ;

je fais cependant une exception pour vos *Deux frères*... Mais la sensiblerie n'est pas mon fait, non plus que celui du peuple français, à ce que je crois... Pour ma part, je n'ai jamais pleuré de ma vie.

Le malheureux ! il osait s'en vanter !

Kotzebue a, lui-même, dans ses *Souvenirs de Paris*, raconté cette présentation. « Pendant que Bonaparte me parlait, — dit-il, — je l'examinais avec une grande attention. Aucun des portraits que j'ai vus de lui, soit en Allemagne, soit en France, ne lui ressemble complétement ; la plupart ne lui ressemblent pas du tout, et je compte parmi ces derniers le tableau du célèbre David. C'est Isabey qui a le mieux réussi ; le portrait dans lequel il l'a peint en pied, et dont on a fait une forte belle gravure, est parfaitement ressemblant. L'effigie des pièces de cinq francs, frappées en l'an XII, est également fidèle ; chaque fois que j'en regarde une, je crois voir Bonaparte lui-même : il a le profil d'un Romain, c'est-à-dire qu'il est grave, noble et expressif ; quand il garde le silence, son sérieux paraît froid, sévère même ; mais dès qu'il parle, un sourire vraiment gracieux rend sa bouche très-agréable et inspire sur-le-champ de la confiance. »

Le même écrivain, fort curieux de son naturel, se faufila, quelques jours ensuite, chez les deux autres consuls. Il fit assez maigre chère chez Lebrun qui, à tort ou à raison, passait pour être avare. Mais quelle revanche notre Kotzebue prit chez Cambacérès!

Il goûta de *quarante plats* sur soixante-dix ou quatre-vingts qui lui firent présentés.

« Il n'en est pas un, écrit-il avec enthousiasme, qui n'eût été approuvé par Lucullus ou Apicius ! »

IV.

Lorsque Bonaparte rentra dans son appartement, il trouva le général Lafosse qui l'attendait.

Le général Lafosse était un des beaux hommes de l'armée. Il en était aussi l'un des plus vaillants et des plus honnêtes. Il avait connu Bonaparte à Nice et s'était pris pour lui d'une affection qui ne s'était jamais démentie. Bonaparte savait ce que valait cette affection ; il tutoyait Lafosse.

Par malheur, l'intelligence d'Augustin-Martial Lafosse avait ses barrières. Son éducation avait été négligée, comme celle de plusieurs de ses compagnons d'armes arrivés ainsi que lui aux plus hauts grades par la seule force de leur bravoure. Le digne militaire suppléait à ce qui lui manquait par une franchise de langage qui lui faisait souvent rencontrer l'originalité.

— Vous m'avez fait demander, général? dit-il au Premier consul.

— Oui, mon brave camarade.

— Est-ce qu'il y aurait quelque nouvelle expédition sous roche?

— Pas pour le moment. Le vent est aujourd'hui à la paix.

— Tant pis.

— Tu es le contraire de tout le monde, dit Bonaparte; pourquoi tant pis?

— Parce que la paix n'est pas mon élément. Mon épée se rouille dans le fourreau. Que voulez-vous? je ne suis qu'un soldat: or qu'est-ce que c'est qu'un soldat qui ne se bat pas?

— Patience! répondit Bonaparte en souriant.

— Patience est bon à dire; en attendant, je crève d'oisiveté et d'ennui..... Oh! excusez, général!

— Je ne peux cependant pas mettre le feu à l'Europe pour te distraire.

— Hélas!

Ce soupir fut poussé avec une telle sincérité comique que le Premier consul ne put s'empêcher d'en rire.

Lafosse continua :

— Si vous vouliez seulement...

— Quoi donc?

— Pousser une petite reconnaissance sur les côtes d'Angleterre.

— Rien que cela !

— Ou sur le territoire de l'Autriche... je ne tiens pas absolument au pays.

— On verra, prononça Bonaparte.

— Ah ! qui me rendra nos campagnes d'Italie, nos marches forcées; nos nuits à la belle étoile, nos hardis coups de main, toute cette vie d'aventures et de conquêtes qui gonfle le cœur, éclaire le cerveau et fait le sang plus rapide?

— Autre temps, autres passe-temps !

— Eh ! quels passe-temps pourraient valoir ceux-là? continua le général Lafosse avec feu. Guider vers l'ennemi une légion d'hommes résolus, sentir sur son front le frisson du drapeau, voir le soleil se refléter sur l'acier d'une épée, n'est-ce pas là le bonheur ?

— Ou, du moins, une variété de bonheur... j'en conviens, dit Bonaparte; mais nous ne pouvons pas continuellement guerroyer, mon brave Lafosse, et entre deux expéditions il faut s'arranger pour être heureux d'une autre manière.

— Impossible! général.

— Tu vas voir... J'ai pensé à faire quelque chose de toi.

— Un courtisan? dit Lafosse en secouant la tête par avance de refus.

— Non, je t'estime trop pour cela.

— Un ministre? un ambassadeur?

— Pas davantage ; tu n'entends rien à l'administration ni à la diplomatie.

— C'est vrai. Quoi donc, alors?

— Un mari.

Le général Lafosse regarda Bonaparte d'un air stupéfait.

Puis il éclata de rire.

— Que dis-tu de mon projet? demanda le Premier consul après avoir, non sans impatience, attendu la fin de cet accès d'hilarité.

— Ce que j'en dis?

— Oui.

— Je dis, général, que la plaisanterie est excellente.

— Mais ce n'est pas une plaisanterie, monsieur! répliqua Bonaparte en le regardant en face.

Ce mot de *monsieur* ramena Lafosse au sentiment de la hiérarchie.

Il murmura ces paroles :

— Quoi! c'est sérieusement que vous me proposez de me marier?

— Très-sérieusement.

— J'étais loin de m'y attendre, général.

— Pourquoi cela? dit gravement Bonaparte; le mariage est un des moyens de ma politique. Tant pis pour toi si tu ne me comprends pas! J'ai marié Junot à mademoiselle de Permon; j'ai marié Savary à mademoiselle de Faudoas; j'ai marié Duroc à la fille du banquier Hervas; j'ai marié Murat, Bernadotte; je veux te marier à ton tour; c'est bien simple.

— Bien simple!... marmotta Lafosse.

— Allons, décidément, tu ne me comprends pas.

— Pardonnez un premier mouvement de surprise, général.

Les deux hommes étaient debout.

Le Premier consul garda le silence pendant quelques secondes.

A la fin, se déridant, il alla au général Lafosse et lui pinça l'oreille, ce qui était chez lui un indice de bonne humeur.

Lafosse subit sans broncher cette familiarité d'un goût détestable.

Bonaparte lui dit :

— J'ai choisi la femme qu'il te faut, mon vieux camarade.

— Vous êtes trop bon, général.

— Tu peux te fier à moi sous tous les rapports de convenance.

— Je suis absolument tranquille, ajouta Lafosse ; pourtant...

— Pourtant quoi ?

— Sans être absolument curieux, je ne serais pas fâché d'avoir quelques renseignements sur la personne que vous me destinez.

— C'est trop juste, dit Bonaparte ; sache donc qu'elle est jolie.

— Je l'espère bien.

— Jeune encore.

— Encore ?.... répéta Lafosse en faisant la grimace.

— Oh ! rassure-toi, dit Bonaparte ; vingt-six à vingt-sept ans.

— Age raisonnable.

— Surtout pour une veuve.

— Ah ! elle est veuve ! dit le général Lafosse, soucieux.

— Cela te contrarie ?

— Dame !

— Tu la verras... c'est la plus ravissante femme qui soit à Paris.

— C'est égal, j'aurais préféré...

— Bah ! n'ai-je pas épousé une veuve, moi ? dit Bonaparte.

Le mot était sans réplique.

Bonaparte continua :

— Ajoute à ses agréments personnels et à tous ceux que donne une grande éducation, une fortune.

— Je n'y tiens pas.

— Cinquante à soixante mille francs de rente, prétend-on.

— C'est trop ! s'écria le général Lafosse.

— J'équilibrerai vos deux situations, dit le Premier consul.

— Ensuite ?

— Que veux-tu savoir de plus ? Sa réputation est intacte. Enfin, c'est un vrai cadeau que je te fais en te donnant la marquise d'Ermel.

Le général Lafosse releva la tête.

— Une marquise ! dit-il ; c'est une marquise ?

— Oui.

— C'est une marquise que vous voulez me faire épouser... à moi?

— Sans doute.

— Vous n'y pensez pas, général; vous connaissez bien mes principes.

Bonaparte eut un mouvement d'épaules.

— Tes principes! tes principes!..... je les ai oubliés; quels sont-ils!

— Haine de la noblesse et amour de la république! répondit Lafosse.

— Ah!... tu es toujours républicain? dit lentement le Premier consul.

— Toujours!... Et vous, général?

— Moi?

A cette question, adressée à bout portant, le Premier consul tressaillit.

Il pencha la tête, et se tut.

Puis, comme s'il sortait d'un rêve, il répondit enfin:

— Moi aussi, mon cher Lafosse, moi aussi.

— A la bonne heure!

— Mais, pour le moment, les principes doivent s'effacer devant mes projets.

— Cependant, mes répugnances...

7.

— Tu feras taire tes répugnances. Niais ! tu ne vois donc pas que j'anéantis la noblesse, en l'incorporant, pour ainsi dire, dans mon armée ?

— Je n'avais pas envisagé la question à ce point de vue, dit le général Lafosse. C'est égal, moi, Augustin-Martial, m'embarrasser d'une poupée !... On me raillera.

— Pas plus que les autres.

— Mes habitudes ne sont pas celles des salons; mon langage se ressent de la vie des camps. Votre marquise m'acceptera dificilement.

— J'en fais mon affaire, dit le Premier consul.

— J'ai tous les défauts antipathiques aux petites-maîtresses.

— Tu ne parles pas de tes qualités ; tu es trop modeste.

— Je fume, je bois, je jure.

— Tu te corrigeras... ou elle te corrigera.

— Pauvre femme ! je la plains à l'avance, dit le général Lafosse.

— En attendant, prépare-toi à m'obéir ; je te ménagerai d'ici à quelques jours une entrevue avec la marquise d'Ermel.

— Déjà !

— Et, à la première occasion, je te promets un

commandement dont tu seras content, mon brave camarade.

— Vrai? s'écria Lafosse en relevant la tête et en reprenant son ton joyeux; allons, je l'aurai bien mérité !

Le Premier consul lui tendit la main.

Le général Lafosse la serra chaleureusement et se retira.

En descendant l'escalier, il répétait entre ses dents :

— Que le diable m'emporte si, en venant ici, je m'attendais à m'en retourner marié !

V

Voici les papiers relatifs à Chanvallon qui furent adressés par Fouché au Premier consul :

D'abord, une note rédigée par un employé de la police de sûreté ;

Ensuite, un cahier écrit de la main de Chanvallon, journal intime où il résumait ses impressions et ses pensées ;

Puis, un rapport sur la conjuration dont il était accusé de faire partie.

Nous allons donner ces trois documents.

NOTES CONFIDENTIELLES SUR LE SIEUR CHANVALLON

Armand-Noël-François Chanvallon, deuxième souffleur du Théâtre-Français, demeurant cour Saint-Guillaume.

Personnalité modeste, inoffensive en apparence, mais douée d'une intelligence singulière.

Quoiqu'il cherche à s'effacer, il a été mêlé à des personnages et à des événements d'une certaine importance.

Il est le fils d'un intendant du comte de la Ville-Heurtaut, qui le prit en affection dès sa plus tendre enfance pour ses aptitudes précoces et diverses. Le jeune Chanvallon fut élevé avec la fille du comte ; il en résulta entre les deux enfants une intimité qui ne s'est jamais démentie, même lorsque Louise de la Ville-Heurtaut est devenue marquise d'Ermel.

A cette époque, Chanvallon passa du service du comte à celui du marquis.

Dès les premiers grondements de la révolution, le marquis d'Ermel, homme pusillanime, usé, frivole, déjà vieux, se hâta de passer à l'étranger. Sa femme resta pour veiller sur ses biens. Deux voyages que Chanvallon fit à Londres, vers ce temps-là, laissent à supposer qu'il avait été chargé par elle de mettre sa fortune en sûreté. Ces déplacements d'un individu de si mince importance passèrent inaperçus.

Quelques mois après, lorsque la marquise d'Ermel

voulut aller rejoindre son mari en émigration, il était trop tard.

Un mandat d'incarcération fut lancé contre elle par les agents du terrorisme. Prévenue à temps, on ne sait par qui ni comment, elle put s'y soustraire.

Depuis, on a acquis la conviction qu'elle avait vécu cachée, par les soins de Chanvallon, dans une famille d'ouvriers de la rue Saint-Jacques, section du Val-de-Grâce.

Aujourd'hui que la marquise d'Ermel a repris son rang dans la société parisienne, avec sa fortune d'autrefois, il semble qu'elle n'ait plus que de rares relations avec Chanvallon.

Ces faits, successivement exposés, suffisent à faire apprécier le sieur Chanvallon comme un homme habile autant que dévoué, capable de suivre une idée, de concevoir un plan et de l'exécuter. Bref, il n'est pas « le premier venu, » comme il voudrait le faire croire, par je ne sais quel motif.

Quant au caractère de son affection pour la marquise d'Ermel, il apparaît suffisamment dans les feuillets ci-joints; aussi nous abstiendrons-nous de tout commentaire.

Les feuillets en question formaient un ensemble assez volumineux.

A des réflexions, à des méditations amoureuses se mêlaient des récits inspirés par les événements du dehors.

Nous en détacherons quelques-uns.

Le premier fragment se rapporte à l'époque de la vie retirée de la marquise d'Ermel.

22 brumaire.

Le ciel politique s'éclaircit.

Je vois venir le temps où elle n'aura plus besoin de moi.

Ah! pourquoi la Terreur n'a-t-elle pas duré davantage?

Depuis quelques semaines, elle sort beaucoup moins avec moi.

Je ne m'abuse pas sur les raisons qu'elle me donne

*
* *

Je n'ai jamais osé lui parler de mon amour.

Elle m'aurait fait rentrer sous terre avec un seul de ses regards.

Pourtant, il est impossible qu'elle l'ignore.

Mais elle ne m'aime pas, voilà tout. Elle n'a que de la reconnaissance pour moi.

De la reconnaissance!

* * *

Se remariera-t-elle ?

Je l'ai interrogée un jour à ce sujet. Son front s'est rembruni; elle a fait un signe de tête négatif, — en évitant de me regarder.

Il se peut cependant qu'elle change d'idée; il se peut que quelqu'un réussisse à lui plaire.

Qu'est-ce que je deviendrai alors?

Et quel parti prendrai-je ?

Chaque fois que cette pensée s'empare de moi (et plus je vais, plus j'en suis obsédé), mes poings se crispent, mes yeux s'allument d'un feu sombre...

Je sens alors que je ne suis pas bon.

* * *

Il devient de plus en plus indispensable que j'exerce une profession.

Mais laquelle?

Il faudrait quelque chose d'exceptionnel, et cependant de facile.

Je réfléchirai...

* * *

Le théâtre a toujours été un de mes plaisirs préférés.

Dès mon enfance, mon père me conduisait au Théâtre-Français, pour lequel il avait une vive prédilection. J'ai hérité de cette prédilection ; et, depuis dix ans environ, je ne crois pas avoir laissé passer une semaine (en dehors de mes absences de Paris) sans aller m'asseoir au moins une fois à ma place accoutumée au parterre, *côté cour*.

Cette assiduité a fini par m'attirer l'attention des comédiens. Quelques-uns ont bien voulu m'aborder dans la rue pour me remercier de mes applaudissements, qu'ils avaient discernés et qu'ils trouvaient marqués au coin du meilleur goût. Naturellement!

Au nombre de ceux-ci, l'acteur Florence semble m'avoir voué une estime particulière. Nous nous rencontrons fréquemment dans le jardin du Palais-Royal ou dans les galeries ; nous nous promenons ensemble, en causant des nouvelles dramatiques. C'est un excellent homme, dont le ton un peu tranchant déconcerte au premier abord, mais qui gagne à être connu. Il tient au Théâtre Français l'emploi des raisonneurs dans la comédie et des confidents dans la tragédie ; ses principaux rôles sont Ariste, du *Méchant*, Préval, du *Mariage secret*, et Théramène, de *Phèdre*.

— Vous avez l'air aujourd'hui plus soucieux que d'habitude, m'a dit tout à l'heure le comédien Florence devant le perron.

— C'est vrai, ai-je répondu.

— Quelque amourette sans doute ?

— Non.

— Cela est de votre âge cependant.

— Ma préoccupation a une cause plus sérieuse, ai-je continué ; je souffre de mon oisiveté. Il n'est pas naturel à mon âge de vivre sans rien faire, de traverser le monde en simple passant.

— Je connais beaucoup de gens qui n'auraient pas vos scrupules, dit Florence.

— Considérez que je suis plus pauvre que vous ne semblez le croire.

— C'est différent. Travaillez alors.

— Je ne sais aucun métier.

— Pourquoi ne vous feriez-vous pas comédien ? dit Florence en riant.

— Ne me raillez pas ; vous voyez que je suis sérieux.

— Écoutez, reprit-il d'un autre ton ; vous contenteriez-vous d'un emploi modeste, en harmonie toutefois avec vos aptitudes littéraires ?

— N'en doutez pas, répondis-je.

— Eh bien, le Théâtre-Français manque en ce moment d'un second souffleur. Voulez-vous que je vous propose au comité ?

— Certes ! Mais je ne sais pas souffler.

— Souffler n'est pas jouer, répliqua Florence ; vous êtes familiarisé avec le répertoire, cela suffit ; le reste viendra avec la pratique.

— Puisqu'il en est ainsi, j'accepte avec reconnaissance.

— Rendez-vous demain à onze heures à l'administration, derrière le théâtre, la porte à côté du libraire Barba.

— A onze heures ! répétai-je.

* * *

J'ai un état !

Me voilà souffleur... Souffleur du Théâtre-Français !

Mon admission a eu lieu sans difficulté ; la plupart des comédiens m'ont reconnu et m'ont tendu la main.

* * *

Je viens de voir vendre à l'encan le paravent de la comtesse Du Barry.

C'est un petit paravent de quatre feuilles, avec les sujets peints par Watteau. Les couleurs ont gardé leur éclat primitif. On aurait dit que ce paravent coquet attendait la table de mosaïque et les deux tasses du Japon.

Je dis deux tasses, parce que ces feuilles avaient souvent enfermé le roi Louis XV et la favorite.

Au dehors, il neige. Le négrillon Zamore se roule sur le tapis. Peut-être ce soir le paravent enfermera-t-il trois fauteuils au lieu de deux ; peut-être le maréchal de Richelieu sera-t-il admis à baiser le bout des doigts de la comtesse et à régaler le vieux roi de quelques fringantes anecdotes, secrètes aujourd'hui, et que l'indiscret paravent répétera demain comme un écho.

Que n'a-t-il pas vu et que n'a-t-il pas retenu, ce paravent ?

Il pourrait raconter le retour de la Fayette de son voyage d'Amérique ; la visite de l'empereur Joseph II ; les dernières chansons de la cour et les premiers grondements de la ville.

Ce paravent a vu les hommes du 10 août arracher

M. de Maussabré de la cachette où il s'était blotti; quelques jours plus tard, il voyait arrêter madame Du Barry elle-même, qui ne devait plus revenir à Luciennes...

Qu'est-il devenu, avant d'arriver à l'encan? On m'a dit qu'il avait appartenu à un cuisinier. — O décadence !

J'aime le paravent. C'est un meuble gracieux et intime qui a eu son heure de mode et d'éclat. Il avait commencé par être chinois; mais il était bien vite devenu français, comme l'éventail et la poudre de Chypre. C'était comme un nid dans un salon, un refuge contre les réunions trop grandes et les discussions trop longues.

Il n'est personne qui n'ait dans sa mémoire quelque vieux paravent de famille, couvert de dessins bizarres et déchiré en maint endroit par la griffe d'un angora. Devant ce rempart de toile et de papier se sont écoulées bien des enfances rêveuses, se sont éveillées bien des curiosités, bien des contemplations; les yeux se sont agrandis et lassés à suivre sur ces peintures une image tendre ou glorieuse. — Puis, un jour, l'enfant a grandi; le paravent, démantelé, hors d'âge, montrant la trame, a été logé au grenier.

8.

Plus tard, vous l'aurez rencontré peut-être dans une boutique de fripier, — ou dans une vente à l'encan, comme le paravent de la comtesse Du Barry.

* * *

Je ne veux plus du souvenir !

Le souvenir, c'est la vieillesse du cœur, c'est l'impuissance de l'esprit. Un premier souvenir équivaut à une première ride.

Quoi ! la moitié de notre vie, nous l'employons à gravir une montagne, et dès que nous sommes parvenus à un plateau, nous nous surprenons à nous retourner et à regarder derrière nous ! Nous regrettons de ne plus avoir à recommencer le voyage. Le sommet ne nous console pas du sentier.

Je ne veux plus du souvenir, — cela est entendu.

Sourire, rêver, larmoyer, tendre les bras vers les figures et les choses disparues, voilà, en vérité, une belle occupation ! Si je m'étais moins souvenu, j'aurais moins souhaité.

C'est le souvenir qui m'a perdu et qui me perd encore. C'est lui qui, lorsque l'action me réclame impérieusement, lorsque le devoir me dit : « Lève-toi et marche! » c'est lui, le souvenir, l'ennemi qui arrive traîtreusement, et qui, posant la main sur mon épaule, me force à me rasseoir.

— Où vas-tu ? me demande-t-il ; que vas-tu faire ? Agir, courir ? Intrigue et folie ! Tu ne retrouveras jamais de sensations pareilles à celles de jadis. Reste, crois-moi, et laisse-toi bercer par mes récits. Rappelle-toi...

Et à ces mots : *Rappelle-toi,* je m'accoude machinalement, l'oreille tendue, les yeux grands ouverts.

Les visions commencent.

Voici la maison paternelle, pleine de volumes le long des murs, pleine de jouets sur le plancher ; enfant, je vais des livres aux jouets, des auteurs aux polichinelles.

Voici une allée de tilleuls sombre et parfumée ; adolescent, je m'y promène, épiant le passage d'une robe, le cœur battant à éclater, et un nom de femme sur les lèvres, — le nom de Louise.

Que de temps perdu à ces retours vers le passé, lorsque tant d'autres hommes s'agitent, se hâtent, s'efforcent, s'illustrent! Je ne veux plus du souvenir, je ne veux plus de la duperie. Laissez-moi me tourner vers l'avenir et ne regarder que lui ; l'avenir, cet horizon des croyants et des forts ; l'avenir, fait de hasards et de prodiges ! — Il doit y avoir en moi, comme en tout le monde, un second homme, dont la seconde existence est proche, je le sens. Il faut qu'elle me trouve préparé pour les tâches nouvelles.

Je ne veux plus du souvenir !

*
* *

Ma nouvelle profession a cela de bon qu'elle tue absolument la rêverie en moi, de sept heures à onze heures du soir.

Impossible, pendant ce temps-là, de penser à autre chose qu'à ce que je fais. C'est une attention de toutes les secondes. Du bord de ma boîte, ou plutôt de mon *trou*, — puisque c'est le terme consacré, — j'épie les comédiens, je suis leurs moindres gestes, je guette leurs moindres regards, prêt à leur *envoyer* le mot secourable, l'hémistiche sauveur.

Toute distraction m'est alors interdite ; cela se comprend.

Il paraît que je souffle assez bien, au dire de ces messieurs et de ces dames. Mais quel art difficile, et quels progrès j'ai encore à y faire! Tout y est nuances, détails, mimique à peine perceptible. Être entendu de la scène, sans être entendu de la salle, voilà le premier point. Ensuite tous les acteurs ne veulent pas être soufflés de la même façon. Il y en a qui ne veulent pas être soufflés du tout, comme M. Talma, mais c'est le plus petit nombre. Ceux-ci, en cas d'hésitation, conviennent avec moi d'un signe, d'un regard, d'un appel du pied ou de la main. Les autres, au contraire, s'accommodent parfaitement de mon accompagnement continu ; ils avouent que sans cela ils choperaient à chaque instant. Et ce n'est pas seulement la phrase que je leur lance, mais encore le geste et, le dirai-je ? l'expression de la physionomie. — Ah ! si le public le savait !

De même qu'il n'existe pas de grand homme pour son valet de chambre, de même on pourrait avancer qu'il n'existe pas de grand acteur pour un souffleur.

***

La cour Saint-Guillaume, — où j'ai pris un logement, afin de me rapprocher du Théâtre-Français, — est une sorte de passage qui va de la rue Richelieu à la rue Traversière-Saint-Honoré, passage à plusieurs compartiments, dédale obscur.

J'y occupe une chambre, une seule, dont les fenêtres donnent sur la cour même. Cette chambre n'a rien de particulier : une commode de noyer aux anneaux de cuivre, un lit à baldaquin jauni, un parquet rouge ; pour décoration quatre estampes. La première, intitulée *Henriette et Damon*, sujet connu, cadre peint en noir.

La seconde retrace les *Plaisirs du bivouac* ; un dragon colorié porte sur son dos une botte de foin d'où sort une tête de femme ; il rit malignement ; une autre femme est blottie dans une charrette à fourrage qui suit ; les dragons formant l'escorte ont l'air de pouffer. Cette grivoise composition, — inspirée de nos dernières guerres, — est aveuglante par les tons bleu, rouge et jaune qui s'y croisent ; mais elle égaye, parce qu'elle est bien dans le sentiment français.

L'Innocence offrant à manger à un serpent forme le sujet de la troisième estampe. L'Innocence est figurée sous les traits d'une pouponne, à demi nue, qui tient dans un pan de sa chemise des fleurs qu'elle vient de cueillir ; — la scène se passe au milieu d'un jardin.

Enfin, la quatrième gravure..... mais celle-ci est un chef-d'œuvre de l'art populaire, c'est *l'Ouvrier en bois* et *l'Ouvrier en fer*, deux trophées d'outils ayant forme humaine.

L'ouvrier en bois, c'est-à-dire le menuisier, tient un mètre dans sa main droite, et de sa main gauche il s'appuie sur une scie ; une multitude de copeaux lui font une chevelure frisée ; ses bras sont des rabots, ses mains sont des tenailles, ses pieds sont des coins.

L'ouvrier en fer, c'est-à-dire le forgeron, est debout à côté de son enclume ; un vaste soufflet lui tient lieu d'estomac ; deux marteaux renversés représentent ses jambes ; il a pour bouche un cadenas, pour yeux deux serrures. Le reste de son corps est composé par des étaux, des paquets de limes, des vis, des clefs, des tours, des ciseaux.

Tout cela est d'une étrangeté ingénieuse et patiente ; à distance, on dirait deux squelettes.

L'auteur inconnu de ce double symbole a parachevé son œuvre avec des vers qui sont, eux aussi, d'une assez bonne facture :

> Le forgeron est un hercule
> Quand il pose sur son marteau ;
> Jamais d'un pas il ne recule
> Qu'en présence d'un verre d'eau, etc.

De même pour le menuisier. Ces deux personnages, campés très-robustement, inspirent, même dans leur singularité, de saines idées de travail.

* * *

J'ai soufflé, hier, *Iphigénie*, pour les débuts de mademoiselle Destigny, une très-jolie personne.

Beaucoup de gens, désireux d'approcher les actrices, ont souvent envié mon poste.

Le fait est qu'on ne saurait être mieux placé pour brûler de l'encens (style Dorat) aux pieds de celle qu'on adorerait.

Mademoiselle Destigny est toute jeune ; son visage énergique semble fait pour exprimer les passions altières et farouches. Il y a du talent en elle. Son premier début a eu lieu dans le rôle d'Eriphyle, rôle un peu sacrifié et toujours abandonné à des tragédiennes subalternes. Elle a su y mettre en relief des beautés jusqu'alors inaperçues.

Les applaudissements ont commencé à ces vers :

> Vile esclave des Grecs, je n'ai pu conserver
> Que la fierté d'un sang que je ne puis prouver !

Mademoiselle Destigny a donné au mot *fierté* une valeur surprenante.

Elle a également rendu avec beaucoup d'intelligence les passages suivants :

> Je frémissais, Doris, et d'un vainqueur sauvage.....
> . . . .
> Je le vis : son aspect n'avait rien de farouche.
> . . . .
> J'oubliai ma colère et ne sus que pleurer.

Bref, ce début, sur lequel on comptait à peine, a produit l'effet d'une révélation.

Clytemnestre en a pâli de jalousie, et la colère d'Achille en a redoublé.

A la chute du rideau, la salle tout entière a rappelé mademoiselle Destigny.

On prétend que cette jeune fille est protégée par un de nos modernes héros, par le général Lafosse.

— C'est bon à savoir, dit Bonaparte, arrivé au terme de sa lecture.

* *
*

EXTRAIT DE L'INTERROGATOIRE DU SIEUR CHANVALLON

(On a supprimé de cet interrogatoire tous les détails qui pourraient faire longueur.)

Demande. — Savez-vous pourquoi l'on vous a arrêté ?

Réponse. — Pas du tout.

D. — Vous êtes accusé d'avoir fait partie d'une société secrète et d'avoir trempé dans un complot contre la vie du Premier consul.

Silence du sieur Chanvallon.

D. — Convenez-vous de ces faits?

R. — Je nie tout ; au moins énergiquement le second.

D. — Vous aurez des preuves à produire.

R. — Bien entendu.

D. — Reste le premier chef d'accusation : votre affiliation à une société secrète. Comment la justifiez-vous?

R. — Je ne la justifie pas.

D. — C'est de la franchise... Quels sont vos motifs, particuliers ou autres, de mécontentement contre le gouvernement?

R. — Je n'en ai aucun.

D. — Alors, c'est à la personne elle-même du Premier consul que vous en voulez?

R. — Pas davantage.

D. — Dans ce cas, pourquoi avez-vous conspiré?

R. — Je n'ai pas conspiré... j'ai regardé conspirer, ce qui est bien différent.

D. — Le persiflage est hors de propos, je vous en avertis.

R. — Je suis loin de persifler, soyez-en convaincu ; je ne fais que répondre exactement aux questions qui me sont adressées.

D. — Comment espérez-vous faire admettre que vous n'ayez pris aucune part aux actes d'une société dont vous étiez membre?

R. — Parce que je ne suis devenu membre de cette société qu'à mon corps défendant, par hasard, en passant.

D. — En passant ?

R. — Oui... un soir de l'hiver dernier.

D. — Expliquez-vous.

R. — Je ne demande pas mieux. Je regardais les caricatures aux vitres du marchand d'estampes de la rue du Coq, lorsqu'un homme s'approcha de moi, et, après m'avoir examiné, me dit à voix basse : « C'est bien... Rien à faire pour aujourd'hui... Trouvez-vous demain ici à la même heure. » Et il s'éloigna rapidement.

D. — Connaissiez-vous cet homme?

R. — C'était la première fois que je le voyais. Il était évident qu'il s'était trompé et qu'il m'avait pris pour un autre. J'aurais dû oublier cette méprise, mais la curiosité me ramena le lendemain au même endroit. J'y vis mon particulier, qui, sans avoir l'air de me reconnaître, murmura à mon oreille : « Suivez-moi à six pas. »

D. — Vous le suivîtes?

R. — J'ai toujours eu du temps à perdre. Il me conduisit jusque dans la rue Saint-André-des-Arcs. Là, il s'arrêta sur le seuil d'une allée obscure, et, se retournant, il me fit un signe. Je le rejoignis. Nous traversâmes une cour, nous montâmes au premier étage, et nous nous trouvâmes dans une grande chambre, où une trentaine d'individus étaient rassemblés et assis sur des bancs. Mon compagnon me fit prendre place à côté de lui. Je crus être tombé dans une réunion maçonnique. Trois personnes composaient le bureau ; une d'elles annonça qu'on allait procéder à l'appel des membres présents. Cet appel se faisait par chiffres. « Numéro 1 ! » disait le président et le numéro 1 se levait. Lorsqu'on en arriva au numéro 9, mon compagnon me dit en me poussant le coude : « Levez-vous donc ! » J'obéis machinalement ; mais en ce moment une autre personne se leva en même temps que moi. Une rumeur de surprise courut à travers l'assemblée. Nous étions deux numéros 9. Immédiatement, nous nous regardâmes l'un l'autre, et un même cri nous échappa. Notre ressemblance était prodigieuse.

D. — Est-ce possible?

R. — L'assemblée s'émut; le président, flairant quelque supercherie, nous interrogea tour à tour. Les réponses de l'autre numéro 9 furent satisfaisantes; il n'en fut pas ainsi de moi, vous le comprenez.

D. — Parfaitement.

R. — J'avouai ingénûment que le hasard seul m'avait conduit en cet endroit; j'invoquai le témoignage de mon introducteur. On m'écoutait avec méfiance; rien ne garantissait que je n'étais pas un espion. Ma situation était périlleuse. Je mis en avant mes relations au Théâtre-Français; cela parut agir sur quelques-uns. On convint d'aller aux renseignements; mais, en attendant, je dus demeurer prisonnier. On me banda les yeux et on me conduisit dans un autre corps de logis, à ce que je supposai, où je restai enfermé pendant vingt-quatre heures.

D. — Seul?

R. — Non. On m'avait donné pour compagnon de captivité l'autre numéro 9, le vrai.

D. Sans doute dans le but de vous faire parler.

R. Évidemment. Je ne m'y mépris point. N'ayant rien à lui cacher, je n'eus guère à lui fournir l'occasion de déployer une grande rouerie. J'allais au-devant de ses questions.

D. — Et vous, de votre côté, n'essayâtes-vous pas de savoir qui il était?

R. — Si; mais, dès les premiers mots, je vis que ce serait peine inutile.

D. — La ressemblance dont vous parlez aurait dû établir un courant de sympathie entre vous deux.

R. — Ce courant s'est établi, en effet, mais sans déterminer aucune confidence de la part de mon Sosie.

D. — Vous vous y serez mal pris?

R. — Plaît-il?

D. — Je veux dire que vous avez manqué d'habileté.

R. — Oh! assurément... Je n'était pas payé, d'ailleurs, pour être curieux; je venais de traverser une épreuve trop périlleuse.

D. — Au moins, pouvez-vous nous apprendre quelle sorte d'homme c'était, sous le rapport des manières et du langage?

R. — Un homme de la meilleure compagnie et de la plus extrême douceur.

D. — Un noble, vraisemblablement?

R. — Je ne saurais rien affirmer.

D. — Ou peut-être... un prêtre?

R. — A quoi l'aurais-je reconnu?

D. — A mille détails, et, entre autres, à ce ton de douceur que vous avez su remarquer.

R. — C'eût été me hasarder dans la supposition.

D. — Quoi qu'il en soit de vos restrictions, la justice a de fortes présomptions de croire que ce personnage est un prêtre.

R. — Je ne possède ni le coup d'œil exercé de la justice ni ses moyens de vérification.

D. — Quels furent les résultats de ce tête-à-tête de vingt-quatre heures?

R. — Le premier fut la conviction entière que mon gardien acquit de ma bonne foi.

D. — Et le second?

R. — Ce fut la proposition qu'il me fit d'entrer dans la société dont je venais de surprendre, sinon les secrets, du moins l'existence.

D. — Vous acceptâtes... sans répugnance?

R. — Un refus aurait entraîné pour moi les conséquences les plus funestes. J'aurais été placé pour longtemps sous une surveillance au moins incommode. A cette époque, je tenais à la vie... pour des motifs particuliers... Bref, je fis taire mes scrupules. A quelques jours de là, la société ayant été consultée, mon Sosie fut chargé de m'initier.

D. — En quoi consiste cette initiation?

R. — Permettez-moi de me taire à ce sujet.

D. — Pourquoi?

R. — Parce que la première chose qu'on exigea de moi fut naturellement le secret le plus absolu sur ce qui allait m'être révélé.

D. — Quel est le nom de cette société?

Silence de Chanvallon.

D. — Quels sont ses statuts?

Même silence.

D. — Vous persistez à ne pas répondre?

R. — L'honneur me l'ordonne.

D. — Vous placez mal l'honneur. Aucun serment ne peut tenir contre la justice.

R. — Ce n'est pas mon opinion.

D. — Je vais vous prouver que la justice est plus instruite que vous ne semblez le croire. La société à laquelle vous appartenez est une des branches de la société des *Philadelphes*.

R. — C'est possible.

D. — Les *Philadelphes* sont divisés en décuries; vous faites partie de la quatrième décurie, une des plus remuantes et des plus audacieuses. Vous voyez que nous sommes bien renseignés.

R. — Je ne dis pas le contraire.

D. — Vous pouvez cependant espérer d'obtenir l'indulgence de la justice en nommant les chefs de cette quatrième décurie.

R. — Je ne les ai jamais connus que par leurs numéros.

D. — Vous avez dû les rencontrer en dehors de vos réunions, dans les bals publics, au Théâtre-Français..., particulièrement les soirs où le Premier consul assiste au spectacle... Et alors, en les reconnaissant, vous n'avez pu résister au désir de demander leurs noms.

R. — Je vous rappellerai que mes fonctions au Théâtre-Français m'obligent à tourner le dos aux spectateurs.

D. — Vos réponses ne sont pas sérieuses. C'est un tort grave dans la situation où vous vous trouvez, et sur laquelle vous vous faites probablement illusion. Sachez que vous êtes fort compromis.

R. — Je ne le crois pas.

D. — Vous allez perdre tout à l'heure de votre assurance. J'arrive au fait du complot d'hier décadi.

Étiez-vous informé depuis longtemps de ce complot?

R. — Je n'en ai jamais été informé.

D. — Cela paraît bien invraisemblable.

R. — Cela est rigoureusement vrai, pourtant. En ces derniers temps, je m'étais peu à peu relâché de mon assiduité aux séances de la société. De là mon ignorance de ce qui a pu s'y passer récemment.

D. — Cela sera éclairci.

R. — J'y compte bien.

D. — Comment expliquez-vous votre présence dans les bois de Marly avec les autres conspirateurs?

R. — Pardon, j'y étais en même temps qu'eux, mais je n'étais pas avec eux.

D. — C'est une subtilité.

R. — Fort importante pour moi, s'il vous plaît.

D. — Pourquoi vous étiez-vous dirigé sur ce point plutôt que sur un autre?

R. — Vous le savez comme moi.

D. — Nous savons en effet que vous avez été appelé au château de la Malmaison pour une représentation dramatique: mais ce que nous ne savons pas, c'est l'intention qui vous a porté à devancer de plusieurs heures vos camarades du Théâtre-Français.

R. — Intention bien innocente, et qui défie le soupçon : je voulais me promener.

D. — Saviez-vous rencontrer le Premier consul?

R. — Non.

D. — Mais vous espériez peut-être cette rencontre?

R. — Je n'y pensais pas, et la preuve est la surprise que j'ai manifestée en me voyant accoster par le Premier consul ; lui-même pourrait le certifier.

D. — Il y a des surprises jouées. Vous avez causé avec le Premier consul?

R. — Pendant une demi-heure environ.

D. — Sur quel sujet?

R. — Sur la littérature, sur les beaux-arts, sur la nature...

D. — Et sans doute aussi sur la politique?

R. — Je ne m'en souviens pas.

D. — Le Premier consul s'en souviendra peut-être mieux que vous.

R. — Je ne redoute pas ses souvenirs.

D. — Ensuite?

R. — Ensuite, il me consulta sur le chemin qu'il devait prendre pour regagner la Malmaison ; je lui en indiquai un par la chaussée de Bougival et la route de la Jonchère.

D. — Pourquoi pas par les hauteurs?

R. — J'obéissais à une préférence personnelle et toute poétique.

D. — N'était-ce pas plutôt que vous aviez l'espoir de conduire par ce chemin le Premier consul au-devant de vos complices embusqués ?

R. — De quels complices et de quelle embuscade voulez-vous parler ?

D. — De la plupart des membres de la quatrième décurie des Philadelphes.

R. — Étaient-ils donc sur le chemin que j'avais conseillé au Premier consul?

D. — Non, ils étaient sur le chemin opposé... et c'est une circonstance qui semblerait plaider en votre faveur, si...

R. — Si?

D. — Si ce conseil, tout en attestant un bon mouvement de votre part... une sorte de remords... ne décelait pas une connaissance approfondie des mouvements et des projets de vos complices.

R. — Encore?... Je ne serai jamais le complice des assassins!

D. — Je n'ai pas prononcé le mot d'assassin ; j'y répugne. Peut-être ne s'agissait-il que d'un enlèvement à main armée, d'une simple séquestration.

Dans ce cas, quoi d'étonnant à ce que vous vous fussiez trouvé dans la confidence de cette mesure?

R. — Et quoi d'étonnant aussi, n'est-ce-pas, à ce que j'eusse déjoué les projets que l'on m'aurait confiés ou que j'aurais surpris? C'est là ce que vous voulez dire?

D. — A peu près.

R. — Dans ce cas, vous auriez mauvaise grâce à me faire un grief de ma trahison.

D. — Loin de nous cette pensée!

R. — Alors, que souhaitez-vous de plus?

D. — Vous voir sortir résolûment de la fausse situation où vous êtes engagé et vous amener à une confession complète.

R. — Je vous ai dit les raisons qui s'y opposaient.

D. — Il faut pourtant vous décider à être de notre côté ou du côté des *Philadelphes*.

R. — Permettez-moi, pour la première fois, de vous adresser à mon tour deux questions.

D. — Faites.

R. — Ai-je, oui ou non, volontairement ou involontairement, préservé le Premier consul d'un danger?

D. — Oui, certes.

R. — Ai-je, de la sorte, rendu un service éminent à l'État?

D. — Sans contredit.

R. — Eh bien, remerciez-moi, et ne m'en demandez pas davantage.

D. — C'est votre dernier mot?

R. — Le premier et le dernier.

D. — Prenez garde! la justice ne se contente pas de demi-aveux; elle saura vous forcer à parler.

R. — Erreur!

D. — Eh bien, elle saura vous punir.

R. — C'est autre chose. Je sais que là où finit la justice commence la vengeance.

D. — On va vous ramener en prison. Là, vous réfléchirez.

R. — Je réfléchirai en effet, mais pas comme vous l'entendez.

D. — D'ici à quelques jours, vous serez confronté avec les autres prévenus.

VI

Les conspirations contre Napoléon ont été nombreuses, ou, pour mieux dire, permanentes. Le comte Rœderer, dans ses Mémoires, a dressé une liste de celles qui se sont produites seulement sous le Consulat. L'affaire dont il est question ici y est résumée en ces deux lignes : « A l'époque du retour d'Italie, projet de le tuer avec une espingole sur le chemin de la Malmaison. »

Les sociétés secrètes léguées par la république, loin de se démembrer, s'étaient reconstituées plus étroitement et affermies contre une tyrannie naissante. Une de ces sociétés les plus puissantes fut celle des *Philadelphes*, qui devait se fondre plus tard dans la Charbonnerie. Les *Philadelphes* avaient des relations à tous les étages de la société, dans tous les départements, à l'étranger même.

Charles Nodier a écrit sommairement leur histoire. « La direction politique donnée aux *Philadelphes*, dit-il, partit de Besançon ; leur principal organisateur fut Jacques-Joseph Oudet. Nul homme n'a jamais réuni à un plus haut degré, ni chez les anciens, ni chez les modernes, les qualités supérieures qui font le chef de parti. Nul homme n'a repoussé avec plus d'ingénuité ou dissimulé avec plus d'art la prétention de s'arroger ce rôle odieux dans une société fraternelle constituée à droits égaux. Il était le premier partout et sans contestation, parce que la nature l'avait fait le premier. Sa puissance ne pouvait être subordonnée aux débats de la discussion ou aux résultats du scrutin. L'autorité n'était pas pour lui chose acquise, mais chose due, et le sceau en était imprimé sur son front comme sur celui du lion. »

Après ce portrait enthousiaste, qu'il a souvent reproduit dans ses ouvrages, Charles Nodier fait connaître quelques-uns des *Philadelphes*, alors en garninison à Besançon : « Leurs noms paraîtront peut-être assez significatifs ; sur Malet et sur Lahorie, l'histoire ne me laissera rien à dire. Après eux venait Dulong, qu'elle oubliera peut-être, mais qui se faisait remarquer par un esprit de résolution inflexible et par une intrépidité stoïque dont on pouvait attendre les plus grandes choses.

« ... Le colonel Deleley et le colonel Foy, puritains en matière de devoirs militaires, ne trahissaient leur penchant pour l'opposition que par de malins sarcasmes : c'était des frondeurs sans colère et sans arrière-pensée ; mais le dernier révélait déjà cette haute puissance oratoire qui devait le rendre un jour capable de remuer le monde. »

Et plus loin :

« L'histoire des *Philadelphes* se résume en deux ou trois efforts malheureux, dont le premier fut déconcerté par l'espionnage, dont le dernier fut expié par la mort. Le premier fut maladroit, le second fut insensé. »

Nous sommes à l'un de ces premiers efforts.

Bonaparte, malgré la confiance qu'il avait ou qu'il paraissait avoir dans son étoile, ne demeura pas toujours indifférent aux mouvements des *Philadelphes*.

Mais cette fois il n'accorda qu'une faible importance à la tentative avortée qui fait le point de départ de ce récit.

S'il n'avait écouté que la voix de sa conscience, il

aurait immédiatement rendu Chanvallon à la liberté, mais il préféra écouter la voix de sa politique.

Chanvallon devait être pour lui un instrument, rien qu'un instrument.

Il mit Joséphine au courant de ses projets; celle-ci, peu accoutumée à la discussion et encore moins à la résistance, se soumit à tout ce qu'il voulut.

En conséquence, une riche parure fut envoyée à la marquise d'Ermel, avec une invitation de se trouver dans la loge de M. et madame Bonaparte au concert du Conservatoire qui devait avoir lieu le lendemain.

Ces concerts du Conservatoire avaient été mis à la mode par le Premier consul, qui avait rapporté de ses campagnes d'Italie un goût assez vif pour la musique, — particulièrement pour la musique de Paësiello. Aussi le servait-on à souhait. Plusieurs fragments de *la Molinara* devaient être exécutés ce jour-là, à son intention.

Il y avait un public choisi.

La loge du Premier consul demeura vide pendant la moitié de la première partie du concert.

A un moment de l'autre moitié, la porte s'ouvrit et Joséphine parut; — mais Bonaparte ne l'accompagnait pas.

Ce fut une demi-déception.

Quelques voix et quelques battements de mains saluèrent l'entrée de la belle créole.

Elle s'assit sur le devant de la loge, ayant à son côté une de ses amies, d'une beauté différente de la sienne, mais non moins attrayante et dans laquelle le lecteur n'aura pas de peine à reconnaître la marquise Louise d'Ermel.

Toutes deux prêtèrent d'abord une attention polie au concert ; puis, lorsque l'entr'acte fut arrivé, Joséphine haussa à moitié les stores de la loge.

Il était évident que les deux femmes avaient à causer.

A cet instant-là, de l'autre côté du théâtre, un homme qui ne les avait pas quittées du regard, s'élança dans le corridor.

Il se heurta contre Murat, pimpant, pompeux, qui fredonnait l'air qu'on venait de chanter :

> Si bate nel mio cuore,
> L'inchiestro e la farina.

— Butor ! s'écria Murat en recevant le choc de ce personnage.

Puis aussitôt, après l'avoir regardé

— Comment ! c'est toi, Lafosse ? Sapristi ! tu as

manqué de me culbuter comme un simple corps ennemi.

LAFOSSE. — Je ne t'avais pas vu ; excuse-moi.

MURAT. — Oh ! oh ! il faut être bigrement distrait pour ne pas me voir. (*Lui donnant le bras.*) Comment as-tu trouvé la Grassi tout à l'heure dans son duo : *Pandolfetto, graciosetto, ta, la la ?*

LAFOSSE. — La Grassi?

MURAT. — Quelle petite mère adorable à croquer, hein? Est-tu de mon avis, hein?

LAFOSSE. — Oui.

MURAT. — Ça ne t'intéresse pas, toi, les chanteuses. Tu n'aimes pas la musique ; c'est la tragédie seule qui a le don de te plaire. Ouf !... A propos, je ne t'ai pas encore fait mon compliment sur mademoiselle Destigny. Il paraît qu'elle est charmante ; je ne l'ai pas vue, mais on parle d'elle de tous les côtés. Heureux coquin !

LAFOSSE. — Mademoiselle Destigny!... oui, dans la tragédie... je...

MURAT. — Cré nom ! tu ne m'écoutes pas, tu ne sais pas seulement ce que je dis. Qu'est-ce que tu as. Lafosse? Je ne t'avais pas bien vu, tu as l'air tout bouleversé.

LAFOSSE. — Il y a de quoi.

MURAT. — Puis-je t'être utile à quelque chose? Le cœur et les bras de Murat sont à toi. Nous sommes dans les bons, nous autres.

LAFOSSE. — Merci !

MURAT. — Sacredié! il faut que tu t'expliques. Je n'aime pas à te voir cette figure à la fièvre. Parions que Bonaparte t'aura donné quelque nouvelle corvée.

LAFOSSE, *lui serrant la main*. — Juste. Et j'aimerais mieux aller seul au-devant d'une batterie que d'aller où il m'envoie.

MURAT. — Où t'envoie-t-il donc ?

LAFOSSE. — Dans une loge, où il n'y a que deux femmes.

MURAT, *en riant*. — C'est là ce qui t'effraye?

LAFOSSE. — Assurément, et tu en seras moins surpris lorsque tu sauras, mon camarade, que sur ces deux femmes...

MURAT. — Eh bien?

LAFOSSE. — Il y en a une qu'il faut que j'épouse dans huit jours..

MURAT. — Diable!... c'est autre chose, en effet...

Pauvre ami! (*Il lui donne une poignée de mains et s'éloigne en chantant :*)

> Si bate nel mio cuore,
> Ta, la, la, la, la...

(*Dans la loge de madame Bonaparte.*)

JOSÉPHINE, *à la marquise d'Ermel.* — Je sais tout, ma chère Louise. Bonaparte m'a appris votre démarche auprès de lui pour obtenir la grâce de M. Chanvallon.

LA MARQUISE. — La grâce? Non, la liberté.

JOSÉPHINE. — Peu importe.

LA MARQUISE. — Alors, vous ne pouvez avoir qu'une bonne réponse à m'apporter du Premier consul?

JOSÉPHINE. — Hélas!

LA MARQUISE. — Que voulez-vous dire?

JOSÉPHINE. — Votre protégé est plus coupable que vous ne semblez le croire.

LA MARQUISE. — Compromis peut-être, mais coupable... oh! non.

JOSÉPHINE. — Il est affilié à une société secrète convaincue de complot contre la sûreté de l'État et les jours du Premier consul.

LA MARQUISE. — C'est impossible!

JOSÉPHINE. — Il en est convenu lui-même.

LA MARQUISE. — O mon Dieu!

JOSÉPHINE. — J'ai eu sous les yeux sa déposition.

LA MARQUISE. — Cela est incompréhensible.

JOSÉPHINE. — Pas autant que vous le croyez, mon amie. Les hommes nous confient tout, excepté les affaires de la politique; j'en sais quelque chose.

LA MARQUISE. — Quel est le sort qui l'attend, dans ce cas?

JOSÉPHINE. — Il passera en jugement comme tous ses coaccusés.

LA MARQUISE. — Et il sera condamné?

JOSÉPHINE. — Probablement.

LA MARQUISE. — Condamné à...?

JOSÉPHINE. — A la déportation sans doute, ou tout au moins à un emprisonnement d'assez longue durée.

LA MARQUISE. — C'est affreux! N'y a-t-il aucun moyen de le sauver?

JOSÉPHINE, *après une certaine hésitation.* — Il y en a un.

LA MARQUISE. — Vous le connaissez?

JOSÉPHINE. — C'est le Premier consul lui-même qui me l'a indiqué.

LA MARQUISE. — Oh! parlez vite! Quel est ce moyen?

JOSÉPHINE. — Il vous paraîtra singulier, peut-être.

LA MARQUISE. — N'importe ; quel qu'il soit, je l'adopte.

JOSÉPHINE. — Prenez garde, vous vous engagez beaucoup, Louise.

LA MARQUISE. — Parlez !

JOSÉPHINE. — Eh bien... (*On frappe légèrement à la porte de la loge.*)

LA MARQUISE. — On a frappé.

JOSÉPHINE. — Oui. Une visite dont j'étais prévenue.

LA MARQUISE. — Quel contre-temps !

JOSÉPHINE, *à voix basse*. — Examinez bien l'homme qui va entrer.

LA MARQUISE, *étonnée*. — Ah !

(*Le général Lafosse entre et salue.*)

LAFOSSE. — Madame... mesdames...

JOSÉPHINE. — Bonjour, général ! Quel miracle de vous voir !

LAFOSSE. — Le Premier consul m'a chargé de l'excuser auprès de vous, madame. Il lui est impossible de venir au concert ; un surcroît d'occupation le retient aux Tuileries.

JOSÉPHINE, *souriant*. — Je m'y attendais un peu. Bonaparte m'a habituée à ses contre-avis. Il n'a d'exactitude que pour les autres... Mais prenez donc place, général.

LAFOSSE. — Mille fois obligé, madame ! (*Il s'assied.*)

JOSÉPHINE, *à la marquise.* — Ma chère Louise, laissez-moi vous présenter un de nos plus vaillants soldats, le général Lafosse, un des amis de mon mari... (*A Lafosse.*) Madame la marquise d'Ermel, une autre moi-même. (*Lafosse s'incline d'un air contraint.*)

LA MARQUISE, *à part.* — Qu'est-ce que cela signifie ?

JOSÉPHINE. — Eh bien, M. Lafosse, vous pourrez dire au Premier consul qu'il a eu vraiment tort de ne pas venir; la Grassi s'est surpassée. N'est-ce pas, Louise ?

LA MARQUISE. — J'ai peu écouté.

LAFOSSE. — Je ferai votre commission, madame. (*A part.*) Allons, Bonaparte ne m'a pas menti : elle est plus jolie que je ne l'aurais cru.

JOSÉPHINE. — Êtes-vous comme tout le monde, général ? Donnez-vous, vous aussi, à la musique italienne la préférence sur notre pauvre musique française ?

LAFOSSE. — Je suis un juge bien incompétent dans

cette question, madame; j'ai été bercé avec des airs de Gluck.

JOSÉPHINE. — Musique héroïque, musique de soldat... Je ne l'apprécie pas moins que vous... Mais mon goût, mon caractère, me portent vers des airs plus tendres. (*Préludes à l'orchestre.*) Ah! la seconde partie va commencer.

LAFOSSE, *se levant*. — Madame...

JOSÉPHINE. — Ce n'est pas un congé, monsieur Lafosse.

LAFOSSE. — Je suis au regret que mon service me ramène auprès du Premier consul.

JOSÉPHINE. — Allez donc... le service avant tout... Vous avez toutes les qualités, monsieur Lafosse. Au revoir? Quelque chose me dit que nous nous retrouverons bientôt.

LAFOSSE. — Vous êtes trop bonne, en vérité. (*A la marquise.*) Madame la marquise veut-elle bien me permettre de lui présenter tous mes respects? (*La marquise s'incline à peine, sans répondre.*)

JOSÉPHINE. — Certainement, certainement, elle le permet.

LAFOSSE, *à part*. — Hum! un peu hautaine... mais diantrement jolie!

(*Sortie du général Lafosse.*)

LA MARQUISE, *à Joséphine*. — M'expliquerez-vous à présent...?

JOSÉPHINE. — Tout, ma chère. Mais auparavant, comment trouvez-vous le général Lafosse ?

LA MARQUISE. — Cette question...

JOSÉPHINE. — Répondez; comment le trouvez-vous ?

LA MARQUISE. — Mais... bien.

JOSÉPHINE. — Voilà tout ?

LA MARQUISE. — Voilà tout.

JOSÉPHINE. — Vous ne l'avez pas autrement remarqué ?

LA MARQUISE. — Pas autrement. Que voulez-vous dire? Je ne vous comprends pas du tout.

JOSÉPHINE. — Vous n'avez pas été frappée de son air de franchise ?

LA MARQUISE. — Je n'y ai pas pris garde. Où voulez-vous en venir avec ces questions étranges, et quel rapport existe-t-il entre ce général et la préoccupation douloureuse dont je suis agitée?

JOSÉPHINE. — Un très-grand.

LA MARQUISE. — Chacune de vos paroles augmente ma surprise.

JOSÉPHINE. — Apprenez, ma chère Louise, que le

Premier consul met une condition à la délivrance de M. Chanvallon.

LA MARQUISE. — Je m'en doutais bien ; mais ainsi que je vous l'ai dit, aucun sacrifice ne me coûtera.

JOSÉPHINE. — Aucun ?

LA MARQUISE. — Hâtez-vous de m'instruire. Cette condition, c'est...

JOSÉPHINE. — C'est que vous épouserez le général Lafosse.

LA MARQUISE, *regardant Joséphine avec stupéfaction.* — Épouser !... moi !... J'ai mal entendu !

JOSÉPHINE. — Non, mon amie. Telle est l'idée fixe du Premier consul. Il en a quelques-unes comme cela.

LA MARQUISE, *très-émue.* — Le Premier consul ne peut pas songer à se moquer de moi... ni vous non plus, Joséphine.

JOSÉPHINE. — Certes !... Remettez-vous, ma bonne amie ; on pourrait nous remarquer... Heureusement que la musique couvre nos paroles. (*Elle hausse encore les stores de la loge.*) Je m'attendais à ce premier mouvement de votre part. Que voulez-vous ? Moi je ne suis pour rien dans tout ceci ; j'accomplis les instructions de Bonaparte. Son premier acte, au lendemain de votre mariage, sera de faire rendre une ordonnance de non-lieu en faveur de M. Chanvallon.

LA MARQUISE. — Je crois rêver.

JOSÉPHINE. — On vous donne le temps de réfléchir.

LA MARQUISE. — Mais vous savez bien, Joséphine, vous qui avez reçu ma confidence, que je ne veux pas, que je ne peux pas me marier, précisément à cause de Chanvallon.

JOSÉPHINE. — Entre nous, Louise, peut-être poussez-vous à l'excès le sentiment de reconnaissance et de délicatesse qui vous lie à ce jeune homme.

LA MARQUISE. — Oh! non.

JOSÉPHINE. — Une occasion se présente de vous acquitter envers lui. Il vous a sauvé la vie, prétendez-vous; vous pouvez sauver la sienne.

LA MARQUISE. — Mais à quel prix?

JOSÉPHINE. — Le Premier consul et moi, nous ne pouvons avoir à vous proposer qu'un parti honorable et brillant.

LA MARQUISE. — Que j'épouse le premier venu!... un homme que je viens de voir pour la première fois!... un Lafosse!...

JOSÉPHINE, *piquée*. — Pour sauver un Chanvallon.

LA MARQUISE, *tressaillant*. — Joséphine!

JOSÉPHINE. — Vous me forcez à parler ainsi, ma chère Louise. Vous n'êtes pas raisonnable. Réfléchissez un peu. En refusant le moyen qui vous est offert... le seul... c'est vous qui faites preuve d'ingratitude et d'égoïsme.

LA MARQUISE. — Serait-il vrai? Ma tête se perd; je ne sais où j'en suis depuis un quart d'heure.

JOSÉPHINE. — Écoutez les conseils d'une amie, d'une véritable amie.

LA MARQUISE. — Au moins, si je pouvais voir Chanvallon quelques instants.

JOSÉPHINE. — Le Premier consul s'y oppose de la façon la plus formelle.

LA MARQUISE. — C'est de la tyrannie.

JOSÉPHINE. — Oh! je ne dis pas le contraire. Cédez à la tyrannie, elle dégagera votre volonté.

LA MARQUISE, *après un moment de silence.* — Non, Chanvallon en mourrait.

JOSÉPHINE. — Qu'en savez-vous?

LA MARQUISE. — Je le connais.

JOSÉPHINE. — Vaniteuse!

LA MARQUISE. — Il n'est pas semblable aux autres hommes.

JOSÉPHINE, *haussant les épaules.* — Et moi, je vous

dis que tous les hommes se ressemblent. Vous croyez à l'amour de M. Chanvallon ?

LA MARQUISE. — Oh ! taisez-vous !

JOSÉPHINE. — Il faut bien appeler les choses par leurs noms.

LA MARQUISE. — C'est plus que de l'amour. Il me regarde comme une idole.

JOSÉPHINE. — Eh bien, si l'on vous prouvait qu'il ne mérite pas tout à fait une abnégation aussi entière que la vôtre?

LA MARQUISE. — Que voulez-vous dire?

JOSÉPHINE. — Si vous appreniez qu'il n'est pas toujours exclusivement occupé de son idole?

LA MARQUISE. — Achevez.

JOSÉPHINE. — C'est que... cela est délicat.

LA MARQUISE. — Vous en avez trop dit pour ne pas continuer.

JOSÉPHINE. — Vous avez raison. Sachez que dans les papiers saisis chez M. Chanvallon, on a trouvé une sorte de journal intime où il est beaucoup question d'une actrice du Théâtre-Français.

LA MARQUISE. — Ah !

JOSÉPHINE. — Une certaine Destigny, fort jolie à ce qu'il paraît.

LA MARQUISE. — Et... vous supposez?

JOSÉPHINE. — Je suppose que son idolâtrie pour vous ne l'a pas empêché d'être sensible aux charmes de cette Destigny.

LA MARQUISE, *rougissant*. — Cela ne se peut pas.

JOSÉPHINE. — Pourquoi donc? Vous ne savez rien des choses de la vie, ma chère Louise. Un caprice ne détruit pas une passion.

LA MARQUISE. — Un caprice!

JOSÉPHINE. — Je ne pense pas qu'on puisse qualifier autrement l'attention qu'il accorde à cette personne.

LA MARQUISE. — Mais ce serait affreux!

JOSÉPHINE. — Que vous importe, puisque vous n'aimez pas M. Chanvallon?

LA MARQUISE, *se remettant*. — C'est vrai.

JOSÉPHINE. — A la bonne heure!

LA MARQUISE. — Je n'ai jamais entendu peser sur la vie et les actes de M. Chanvallon.

JOSÉPHINE. — Alors pourquoi pèserait-il sur les vôtres?

LA MARQUISE. — Tenez, Joséphine, tout ce qui se passe, tout ce que je vois, tout ce que j'apprends, cela me rend folle. Je ne saurais avoir une idée à moi avant demain. Excusez-moi, je vous prie.

JOSÉPHINE. — Le concert est fini. Rejoignons notre voiture. (*Les deux femmes sortent.*)

LA MARQUISE, *rêveuse*. — Destigny, dites-vous ?
JOSÉPHINE. — Destigny.
QUELQUES VOIX, *au dehors*. — Vive madame Bonaparte !

VII

— Ah çà! qu'est-ce que devient donc notre second souffleur Chanvallon! s'écria un soir l'acteur Saint-Phal en rentrant de très-mauvaise humeur dans la coulisse.

On jouait *Andromaque*, et Saint-Phal remplissait le rôle de Pyrrhus.

Ses camarades, hommes et femmes, se rassemblèrent autour de lui.

— Qu'est-ce que tu as, éternel grognon? lui demanda Florence.

— J'ai que notre premier souffleur vient de m'envoyer, à deux reprises, une réplique pour une autre. On grognerait à moins. Encore si c'était un accident, je ne dirais rien, mais il est vraiment trop coutumier du fait. Dorénavant, je ne veux plus jouer qu'avec Chanvallon.

— La vérité est que M. Chanvallon souffle avec beaucoup d'intelligence, dit mademoiselle Destigny en s'approchant.

Mademoiselle Destigny représentait Hermione ce soir-là.

— Qu'on me rende Chanvallon! s'écria Saint-Phal.

— Cela n'est peut-être pas aussi facile que tu crois, répondit Florence.

— Pourquoi donc? Il n'y a qu'à l'envoyer chercher, je suppose.

— Oui, à la Conciergerie... Mais je ne me charge pas de la commission.

— A la Conciergerie! répéta le groupe sur un ton de surprise et en se resserrant autour de Florence; que veux-tu dire?

— Vous ne savez donc rien?

— Rien absolument.

— Notre second souffleur a été arrêté et conduit en prison.

— Bah! dit Saint-Phal.

— Lui, un jeune homme si doux! ajouta mademoiselle Destigny; qu'a-t-il donc fait?

— Il a conspiré, répondit Florence.

— Mais il ne parlait jamais politique.

— Raison de plus, répliqua le régisseur d'un air sentencieux ; les vrais conspirateurs se trahissent par leur silence.

— Oh! oh! dit Dugazon survenant, j'en ai connu de fièrement bavards !

— Sans te compter... ou en te comptant? demanda Florence.

A cet instant, l'avertisseur s'avança vers mademoiselle Destigny.

— Mademoiselle, voici votre entrée, lui dit-il.

— Merci !...

Et la jeune Hermione remonta vivement au théâtre.

Dugazon, qui était son professeur, — car le spirituel comique excellait surtout à former des sujets tragiques, — la suivit des yeux avec intérêt.

— Comment va-t-elle ce soir? demanda-t-il à Saint-Phal.

— Supérieurement ! répondit celui-ci; il y a de l'étoffe chez cette petite fille.

Dugazon s'appuya contre un portant de coulisse pour écouter.

Il n'était pas seul en ce moment à s'intéresser à son élève.

Au fond d'une petite loge grillée du rez-de-chaussée, deux femmes prêtaient une attention extraordinaire au jeu de mademoiselle Destigny.

C'était mademoiselle V...., chef d'emploi du Théâtre-Français (on me permettra de ne pas la désigner davantage), avec une de ses amies répondant au nom d'Eudoxie.

Elles échangeaient des observations rapides, entrecoupées, à demi-voix.

Eudoxie disait à mademoiselle V.....:

— Comment lui as-tu laissé jouer ton rôle aujourd'hui?

— On a profité de mon absence pour mettre son nom sur le tableau; c'est une trahison indigne.

— Un de tes meilleurs rôles !

— Sois tranquille, je me vengerai ! dit mademoiselle V...

Quelques minutes de silence suivirent ces paroles.

Elles écoutaient et elles regardaient.

La grande scène du quatrième acte entre Hermione et Pyrrhus venait de commencer.

Cette scène, écueil de toutes les débutantes, devait être le triomphe de mademoiselle Destigny. Toutes les nuances si nombreuses de la tirade finale, — dédain, colère, supplications, — furent admirablement rendues par elle.

— Allons, murmura mademoiselle V..... pâle comme le mouchoir qu'elle ne cessait de mordre, allons, c'en est fait, je suis éclipsée, détrônée...

— Es-tu folle, dit Eudoxie.

— Non, non, je m'y connais; cette petite ira loin... si on ne l'arrête pas en route.

— Il faut l'arrêter! s'écria la confidente.

— Je ne demande pas mieux, reprit mademoiselle V...., mais comment?

— Une cabale, parbleu?

— Cela ne réussit pas toujours, et l'on m'accuserait peut-être. J'ai une autre idée.

— Laquelle?

— Tu sais que le général Lafosse est le protecteur de Destigny.

— Oui, repondit Eudoxie.

Et elle ajouta avec une moue méprisante :

— Tous ces militaires ont si peu de goût!

Mademoiselle V..... continua, après l'avoir remerciée d'un sourire mélancolique.

— La petite croit absolument à l'affection du général, car elle apporte à la ville autant d'exaltation qu'à la scène.

— Quel rapport y a-t-il...? murmura Eudoxie.

— Apprends donc que...

Une salve d'applaudissements vint couper la parole au chef d'emploi, mademoiselle V...

Pour se faire entendre, elle fut obligée de se pencher vers l'oreille de son amie.

— Il se pourrait! s'écria celle-ci.

— Je l'ai appris tout à l'heure d'une façon détournée mais certaine.

— Et Destigny ignorait cette nouvelle?

— J'en suis presque sûre, dit mademoiselle V...

— Alors il n'y a pas une minute à perdre ; il faut qu'elle l'apprenne sur-le-champ, avant de rentrer en scène.

— Tu m'as comprise.

— C'est le plus sûr moyen d'empêcher son succès au dernier acte... Mais je ne peux moi-même l'instruire... Elle verrait d'où part le coup, dit Eudoxie en réfléchissant.

Puis tout à coup :

— Je vais faire la leçon à Thénard et la lancer ensuite sur notre rivale.

— Bien trouvé! s'écria mademoiselle V..., mais fais vite!

— Attends-moi! s'écria la complaisante Eudoxie en s'élançant hors de la loge grillée.

Mademoiselle Destigny venait de monter au foyer

des artistes, où elle recevait les félicitations plus ou moins sincères de ses camarades et des habitués.

Le foyer du Théâtre-Français a été, de tout temps, le rendez-vous des gens d'esprit et des gens de cour. Ceux-ci n'y tenaient pas toujours le premier rang; témoin l'anecdote suivante. Le duc de C*** était bossu, mais c'était un joli bossu, gracieux, sémillant, n'ayant que le tort de sacrifier un peu trop à la causticité. Il commit la faute, un soir, de s'attaquer à mademoiselle Contat et de hasarder quelques traits sur l'embonpoint qui commençait à menacer sa beauté. Celle-ci dissimula son dépit du mieux qu'elle put, mais elle sut adroitement amener la conversation sur les bossus. Le duc de C*** accepta bravement la partie sur ce terrain.

— Nous ne sommes pas tant à plaindre, nous autres bossus, s'écria-t-il avec suffisance ; on nous accorde généralement d'être des gens d'esprit.

— Ah ! monsieur le duc, répliqua vivement Contat, vous n'êtes que contrefait !

Au foyer du Théâtre-Français venaient presque tous les soirs deux débris très-accusés du dix-huitième siècle : le marquis de Ximénès, un ami de Voltaire, ridé, cassé et malin comme lui; — et André de Murville, gendre de Sophie Arnould, auteur présomptueux, que les brocards de sa belle-mère n'ont point épargné. Là aussi se montraient assez régulièrement Andrieux, Baour-Lormian, Alexandre Duval, Vigée, Desfaucherets, vingt autres mêlés à de hauts fonctionnaires et à de galants aides de camp.

Ces habitués formaient une sorte de famille, ainsi que le prouve un trait fort honorable et peu connu. Le sombre Joseph Chénier, malgré ses succès dramatiques, était tombé dans la gêne. A bout de ressources, il se vit réduit à vendre sa bibliothèque. Les habitués du foyer du Théâtre-Français, ayant appris ce fait de la bouche même du libraire acquéreur, tinrent conseil, — et quelques jours après, l'auteur de *Charles IX* et de *Timoléon*, en rentrant chez lui, retrouva ses livres sur les mêmes tablettes qu'ils occupaient naguère.

Ces mêmes habitués saluèrent avec empressement le talent naissant de la jeune Destigny.

Elle recevait leurs compliments avec une joie naïve, lorsqu'elle vit arriver à elle madame Thénard, haletante, les bras au ciel.

Il y a toujours eu des Thénard au Théâtre-Français, comme il y a toujours eu des Baptiste.

Madame Thénard fendit le flot des habitués (style

de l'endroit) et se jeta au cou de mademoiselle Destigny.

— Ah! ma chère enfant! cria-t-elle, il faut que je vous embrasse pour le plaisir que vous m'avez fait! Vous avez été sublime, prodigieuse!

— Vous êtes trop indulgente, ma bonne Thénard; vous me gâtez comme ces messieurs.

— Non pas, vous m'avez été à l'âme... Mais venez donc par ici, que je vous dise à l'écart tout ce que je pense de vous.

Mademoiselle Destigny se laissa entraîner en souriant.

Lorsque madame Thénard la tint dans l'embrasure d'une croisée :

— Pauvre enfant! dit-elle avec un gros soupir et en lui serrant les mains.

Mademoiselle Destigny leva sur elle des yeux étonnés.

— Je sais tout, reprit la Thénard ; je vous plains et je vous admire.

— Vous me plaignez?

— Vous avez d'autant plus de mérite à jouer comme vous venez de le faire, que votre cœur doit être navré en ce moment.

— Mon cœur? répéta mademoiselle Destigny ; qu'est-ce que mon cœur a à faire là dedans?

— Héroïque jusqu'au bout! voilà comme j'aime à vous voir!

— Parlez plus clairement, je vous en prie, ma chère Thénard.

— A quoi bon, pauvre petite? ne me comprenez-vous pas de reste? Votre rôle d'Hermione n'est-il pas aujourd'hui plus que jamais en situation? Et Pyrrhus, votre Pyrrhus à vous, le général Lafosse...

— Eh bien?

— Ne va-t-il pas épouser son Andromaque?

Mademoiselle Destigny pâlit.

— Qu'est-ce que vous me dites là, Thénard? prononça-t-elle.

— Ce que dit tout le monde, répondit la caillette, ce que j'ai appris de tout le monde... il y a un instant.

— Le général Lafosse se marie?

— Ne le saviez-vous donc pas?

— Répondez, dit la jeune fille en saisissant violemment Thénard par les deux bras, répondez!... Il se marie?

— Oui, répondit celle-ci effrayée.

— Vous en êtes bien sûre?

— C'est la nouvelle du jour... Mais qu'avez-vous, mon enfant? Vous me faites peur!

— Avec qui se marie-t-il?

— Avec...

— Oh! ne me cachez rien! s'écria mademoiselle Destigny avec un accent terrible.

— Avec une marquise, je crois, dit la Thénard, tremblante; mais je croyais que vous étiez informée de tout cela.

— Non... et je vous remercie, dit mademoiselle Destigny, les yeux fixés en terre d'un air farouche.

Le coup avait réussi.

VIII

Pendant que ces choses se passaient au foyer, voici l'événement singulier qui se passait sur la scène :

Par l'un des trous du rideau, Saint-Phal examinait la salle.

Tout à coup il poussa une exclamation de surprise.

— Ah! mon Dieu! dit-il.

Et, regardant plus attentivement :

— Mais, oui... c'est bien lui... lui-même... Il n'y a pas à en douter.

Alors il se retourna et appela le régisseur.

— Florence! Florence!

Florence accourut.

Saint-Phal l'apostropha en ces termes :

— Qu'est-ce que tu nous disais donc tout à l'heure que notre second souffleur Chanvallon avait été arrêté?

— Mais oui, répondit Florence.

— Jeté en prison ?

— C'est l'exacte vérité.

— Eh bien, approche-toi de ce trou... regarde par ici... Dans le coin du parterre... Qu'est-ce que tu vois?

— Attends... Oh !... s'écria Florence.

— *Qu'en dis-tu?* articula Saint-Phal, avec l'accent de Talma dans *Manlius Capitolinus*.

— Je dis que ce spectateur ressemble étonnamment à Chanvallon.

— Mais c'est Chanvallon en personne !

— La chose est impossible.

— J'affirme que c'est lui ! dit Saint-Phal.

— Non, répliqua Florence.

— Regarde-le encore.

— C'est bien sa taille, sa façon de se vêtir et de se tenir... mais celui-ci est plus replet.

— Allons! c'est Chanvallon, te dis-je ; j'en appelle à tous nos camarades.

On se pressa autour du rideau.

Les avis furent partagés, mais tout le monde fut d'accord pour constater une rare ressemblance.

— Il faut que j'en aie le cœur net, dit Florence en s'apprêtant à sortir.

— Où vas-tu ? lui demanda Saint-Phal.

— M'assurer de l'identité de ce gaillard-là, pendant que l'entr'acte dure encore.

Florence gagna rapidement la porte de communication qui unit la salle à la scène, et il se dirigea vers le parterre.

Il se fraya, non sans peine, un chemin à travers les spectateurs refoulés, et il arriva à ceux du premier rang.

Là, et après un moment d'hésitation, il frappa sur l'épaule d'un individu qui lui tournait le dos.

Celui-ci se retourna.

— Vous voilà donc libre, mon cher ? lui dit Florence ; je vous en félicite.

Le personnage ainsi interpellé regarda Florence, sourit et répondit :

— Vous me prenez pour un autre.

— Le même organe! murmura le régisseur.

Cependant, pour atteindre à une conviction entière, il ajouta :

— Quoi ! vous n'êtes pas M. Chanvallon ?

— Monsieur Chanvallon!... Non, je ne le connais pas, répondit le quidam.

— C'est étrange! dit Florence, ne cessant de l'examiner du haut en bas.

Le quidam supporta cet examen avec une parfaite indifférence.

— Vous êtes peut-être son frère? dit le régisseur.

— Je n'ai pas de frère.

— C'est étrange!

L'individu ne sourcilla pas.

— Excusez-moi, monsieur, lui dit Florence en s'inclinant.

— Il n'y a pas de quoi, monsieur; ces méprises peuvent se produire tous les jours.

Ayant dit, notre spectateur se retourna tranquillement du côté de la scène, pour se préparer à voir le cinquième acte d'*Andromaque*.

IX

Où suis-je ? qu'ai-je fait ? que dois-je faire encore ?
Quel transport me saisit ? quel chagrin me dévore ?
Errante et sans dessein, je cours en ce palais...

Tels sont les vers par lesquels Hermione ouvre le cinquième acte.

Ce monologue a toujours passé pour fort difficile à dire; les connaisseurs y attendaient mademoiselle Destigny pour la juger définitivement.

Par malheur, tout entière au coup qui venait de l'atteindre, elle ne réalisa pas les espérances qu'elle avait fait naître pendant les premiers actes.

Elle avait d'abord demandé qu'on annonçât au public qu'elle venait d'être saisie d'une indisposition subite.

Mais le régisseur Florence ne s'était pas trouvé là.

Il avait fallu presque la pousser sur la scène, afin qu'elle ne manquât pas son entrée.

Sur le premier moment, son égarement, sa démarche chancelante, sa parole saccadée, furent interprétés dans le sens du rôle.

Un murmure approbatif courut par toute la salle.

Mais au bout de quelques minutes, on s'aperçut qu'elle balbutiait réellement ; elle avait perdu le diapason ; on l'entendait à peine.

La mémoire lui fit défaut deux ou trois fois.

On s'étonna, mais on se tut.

On crut qu'elle allait reprendre ses moyens dans la scène suivante avec Cléone.

Mais la déception alla croissant.

— Nous nous sommes trop hâtés de l'applaudir, dit quelqu'un.

Elle pouvait cependant se relever dans ses imprécations à Oreste. Le *Qui te l'a dit?* pouvait lui fournir une revanche.

Il n'en fut rien.

Interdite, sans force, la pauvre jeune femme fut au-dessous du médiocre.

Le public faillit se fâcher.

— Elle n'est pas de taille à supporter un rôle tout entier, dit un habitué.

— C'est dommage, repartit son voisin; elle promettait.

La pièce s'acheva fort maussadement.

Dans la baignoire d'avant-scène, mademoiselle V... et Eudoxie triomphaient.

— Elle est perdue! s'écria mademoiselle V... avec une joie sauvage.

Le rideau était à peine baissé, que mademoiselle Destigny, sans prendre le temps de se déshabiller, jetait une pelisse sur ses épaules et se faisait conduire en voiture chez le général Lafosse.

Elle le trouva plongé dans son fauteuil et fumant consciencieusement sa pipe; — car nous avons dit que Lafosse avait toutes les habitudes qui caractérisent le parfait troupier.

S'il ne fut pas surpris de l'apparition de mademoiselle Destigny à cette heure (il était accoutumé à ses visites), il le fut du moins de son costume, et plus encore de l'altération de ses traits.

C'était bien Hermione en effet qui était sous ses yeux, Hermione toute palpitante et toute menaçante.

— Qu'avez-vous, ma chère? lui dit-il; vous paraissez fort agitée ; vous serait-il arrivé quelque chose? Parlez!

Mademoiselle Destigny ne répondit pas, mais son noir regard demeurait fixé sur Lafosse.

A la fin, elle prononça ces mots d'un ton bref :

— Est-ce vrai?

Il comprit.

— Diable! dit-il, comment avez-vous pu savoir?... Il faut que vous ayez une police comparable à celle de Fouché.

— Répondez, est-ce vrai?

— C'est vrai.

— Vous vous mariez?

— Non..., on me marie.

Mademoiselle Destigny haussa les épaules et répliqua :

— A qui ferez-vous croire que c'est contre votre volonté?

— A vous la première, ma chère amie, répondit-il; Bonaparte veut ce mariage.

— Bonaparte! Bonaparte! de quoi se mêle-t-il?.. et que ne lui résistez-vous?

— J'ai essayé.

— Eh bien?

— Je me suis heurté à un roc.

— Mais quel homme êtes-vous donc pour obéir à de tels ordres ? s'écria mademoiselle Destigny.

— Demandez-moi plutôt quel homme est Bonaparte ! Il me tient sous sa dépendance ; mon refus entraînerait ma disgrâce. Tout mon avenir est dans ses mains. S'il ne peut m'enlever mon grade, il peut me condamner à l'inaction. Or je suis soldat avant tout... je ne suis même que cela... voilà le malheur.

— Soldat avant tout ! répéta mademoiselle Destigny avec amertume.

Et, d'un air ironique :

— Ainsi, vous vous résignez ?

Lafosse se tut, en se contentant de lancer quelques bouffées de tabac.

— Vous ne m'avez donc jamais aimée ? reprit-elle.

— Je vous aime toujours, ma chère Destigny, foi de soldat ! Vous fûtes ma première maîtresse, vous serez la dernière.

— Et vous avez pu croire que je me résignerais aussi facilement que vous ?

— Je n'ai rien cru du tout, ou plutôt j'ai cru à votre douleur, comme vous me faites sans doute l'honneur de croire à la mienne.

Il essaya de lui prendre la main, mais elle la retira vivement.

— Laissez-moi! dit-elle, irritée.

Puis se laissant tomber sur une chaise :

— Qu'est-ce que je vais devenir, moi? s'écria-t-elle.

Lafosse, pour toute réponse, regarda philosophiquement sa pipe, qui venait de s'éteindre.

— Ah! oui, je comprends! fit mademoiselle Destigny, éclatant en sanglots.

X

Le général Augustin-Martial Lafosse était en train de fournir un exemple de plus aux annales de la faiblesse humaine. Il s'était cru bien fort contre la marquise d'Ermel, et pourtant, sans se l'avouer tout à fait, il cédait insensiblement au charme qu'il avait d'abord reconnu en elle.

Il avait obtenu de se présenter chez la belle veuve sous la formidable recommandation de Bonaparte. Dès la seconde visite, la *corvée* s'était changée en distraction; elle devint bientôt un plaisir, puis une habitude.

De son côté, la marquise avait fini par envisager froidement sa position et par la raisonner avec calme. — Voulait-elle, oui ou non, rendre Chanvallon à la liberté? Oui, sans doute. Or il n'y avait qu'un seul moyen pour cela. Peut-être Chanvallon l'eût-il repoussé s'il l'eût connu; il ne fallait donc pas le lui faire connaître. C'était d'une bonne logique. La marquise évitait de la sorte tout débat de générosité où sa fierté se fût compromise, et elle marchait au sacrifice dans toute la grandeur de son immolation.

Il suffirait plus tard à Chanvallon d'apprendre qu'elle avait eu la main forcée.

Voilà tout.

Était-ce bien tout?

N'y avait-il pas encore au fond de la conscience de Louise d'Ermel une autre raison pour accepter ce sacrifice, — une raison secrète, mystérieuse?

Évidemment oui.

Cette raison devait se trahir, à quelques jours de là, dans une conversation avec le général Lafosse.

Assise dans son salon, auprès d'une fenêtre ouverte, la marquise travaillait avec une apparente application à un ouvrage de broderie.

A ses côtés, Lafosse s'essayait au jeu, nouveau pour lui, du marivaudage.

Elle ne l'encourageait pas plus qu'il ne fallait, mais elle l'écoutait et le voyait sans déplaisir. Elle se faisait peu à peu à ce caractère ouvert.

La causerie avait roulé jusque-là entre eux deux sur des banalités, lorsque la marquise s'avisa de lui dire tout à coup :

— Aimez-vous le théâtre, général?

— Mais oui, répondit-il ; il faut bien qu'un garçon passe ses soirées quelque part.

— Vous allez quelquefois aux Français? continua la marquise.

Lafosse leva les yeux sur elle avec une certaine inquiétude.

— Oui, répondit-il ; quelquefois... comme à l'Opéra, comme partout.

— On parle beaucoup en ce moment des débuts d'une jeune actrice, mademoiselle Déstigny ou Destilly, je crois... La connaissez-vous?

— Moi !

Pour le coup, le général Lafosse se sentit décontenancé. Il regarda une seconde fois la marquise, mais il ne remarqua rien de particulier dans son regard ni dans son accent.

Néanmoins il crut flairer un piége.

— Pourquoi m'adressez-vous cette question? dit-il.

— Curiosité pure... Tous les journaux s'entretiennent avec éloge de cette demoiselle et des espérances qu'elle donne. Comment est-elle ?

— S'il vous plaît ?

— Je vous demande quel genre de physionomie elle a... Ah çà! général, d'où vous vient votre air étonné ? Vous me regardez comme si mes interrogations vous inspiraient de la méfiance.

— Quelle idée! s'écria Lafosse en s'efforçant de sourire.

— Alors, répondez-moi.

— Avec empressement, madame.

— Est-ce une brune ou une blonde, cette Destigny?

— Brune, je crois... Oui, brune.

— C'est la couleur ordinaire des tragédiennes... Sa taille?

— Assez élancée, autant qu'il m'en souvienne.

— Et sans doute, poursuivit la marquise, un port majestueux, des gestes mesurés, une voix sonore, à la façon des princesses ou des reines qu'elle représente. Je la vois d'ici, votre tragédienne.

Cette fois encore, Lafosse chercha à lire sur son visage le sens qu'elle appliquait à ces mots : *Votre tragédienne*.

Mais le visage de la marquise continua à demeurer impénétrable.

Elle reprit :

— Ai-je complété le portrait de mademoiselle Destigny?

— Vos dernières touches manquent d'exactitude, répondit le général ; mademoiselle Destigny n'a rien d'outré dans la physionomie ni dans la démarche. On peut même dire que sa qualité principale est la simplicité. Elle ne cherche pas à s'imposer, quoiqu'elle joue avec beaucoup d'âme et de sentiment.

— A vous entendre, le Théâtre-Français aurait trouvé une perle en elle.

— Une perle, non, mais une fleur d'un charme tout particulier.

La marquise se tut.

Lafosse respira plus à l'aise, croyant l'interrogatoire épuisé.

Il se trompait, car au bout d'un instant, la marquise lui adressa brusquement ces mots :

— Est-elle sage ?

Lafosse était si loin de s'attendre à cette question, qu'il demeura bouche béante, ne sachant que répondre.

— Vous ne m'avez pas entendu ? reprit-elle.

— Si fait, balbutia-t-il.

— Eh bien?

— C'est que... je manque de renseignements.

— Je me serai mal exprimée. J'ai voulu savoir quelle réputation on lui donnait.

— La meilleure, oh! la meilleure! répondit Lafosse.

— Ce n'est pas ce que j'ai entendu dire, murmura la marquise; on m'a parlé d'une liaison...

Lafosse rougit jusqu'au sang; cette fois il se crut deviné.

— Une liaison? répéta-t-il machinalement.

— Avec une personne de son théâtre.

Il était écrit que le pauvre Lafosse devait passer par toutes les nuances de l'étonnement.

— Mensonge! répliqua-t-il vivement; calomnie! rien de semblable n'est parvenu à mes oreilles.

A moitié rêveuse, la marquise ne remarqua pas l'accent chaleureux avec lequel il défendait mademoiselle Destigny.

— Je conviens, dit-elle, que toutes ces choses ne me regardent guère... Où la curiosité ne va-t-elle pas se nicher?... N'importe, je veux voir cette actrice. Général, je compte sur vous pour me prévenir la prochaine fois qu'elle jouera.

— Rien de plus facile.

— Ce soir-là ma loge sera ouverte à mes amis, ajouta-t-elle en lui adressant un gracieux sourire.

Le général Lafosse s'inclina d'un air reconnaissant.

XI

Il ne devait pas être donné à la marquise d'Ermel de réaliser son désir.

Mademoiselle Destigny tomba dangereusement malade et ne reparut plus sur la scène du Théâtre-Français.

A peu de jours de là, le mariage de la marquise avec le général Lafosse fut célébré. Bonaparte signa au contrat, et Joséphine s'endetta une fois de plus chez ses fournisseurs, pour avoir la joie de consteller son amie des camées les plus riches et des perles les plus rares.

Par opposition, la marquise d'Ermel avait voulu que la cérémonie religieuse, — dont elle avait fait une condition, — eût lieu sans éclat. Il ne lui restait à Paris que peu de parents, un exil volontaire tenait les autres dispersés. De son côté, le général Lafosse était, comme nous l'avons dit, une espèce d'orphelin; il avait recruté ses témoins parmi ses compagnons d'armes. En somme, on ne se trouva qu'une quinzaine de personnes dans l'église des Petits-Pères, récemment rendue au culte.

L'heure choisie avait été le soir.

L'obscurité n'était combattue que par les lampes des chapelles et par les cierges du maître-autel où la messe allait être dite.

Ce peu de monde dans ce grand vaisseau, ces lueurs jaunes et tremblantes, ce silence particulier aux voûtes catholiques et coupé de temps en temps par des sonorités soudaines, tout cela formait un spectacle imposant, sans doute, mais empreint d'une profonde tristesse.

Les assistants se regardaient sans se parler.

— Hum! chuchota à l'oreille de son voisin le vieux colonel Perret, un des témoins du général Lafosse, de mon temps on se mariait plus gaiement!

La marquise, particulièrement, paraissait enfoncée dans une rêverie soucieuse, qui n'échappait à personne.

Sous son costume de mariée elle était plus pâle

que d'habitude, et qui eût approché sa main de la sienne eût été surpris de la sentir froide comme le marbre.

C'est qu'elle s'effrayait de l'acte qu'elle accomplissait et qui la détachait si brusquement et si entièrement du passé.

Lafosse était inquiet de la préoccupation de Louise ; à plusieurs reprises, il avait essayé de l'interroger, mais il n'en avait obtenu que des réponses évasives.

Ce fut dans ces dispositions d'esprit que les époux s'agenouillèrent sur les coussins de velours qui leur avaient été préparés.

Bientôt le bruit d'une hallebarde, frappant sur les dalles, et le son argentin d'une sonnette annoncèrent l'arrivée du prêtre officiant.

Par un instinct tout naturel, Louise leva les yeux sur lui et vit que c'était un jeune prêtre.

Elle ne vit rien de plus.

Mais lorsqu'il se retourna une première fois pour bénir les assistants, elle tressaillit comme sous un choc électrique.

Pendant quelques minutes elle demeura bouche béante.

Le prêtre s'était replacé en face de l'autel, et avait commencé ses prières.

Elle crut avoir été le jouet d'une vision, et elle se remit à la lecture de son livre pour se soustraire aux influences du malin esprit.

Mais inutilement!

Comme la Marguerite de *Faust*, elle cédait à l'obsession, et son regard remontait toujours vers le prêtre.

Vint l'instant où celui-ci, descendant les degrés de l'autel, se dirigea vers les époux pour procéder aux formalités du sacrement. Il s'avança, grave, recueilli, suivi des enfants de chœur portant les attributs sacrés.

Louise le vit alors à deux pas d'elle.

Ses traits se décomposèrent.

Elle roidit ses deux bras en avant et se renversa sur sa chaise en poussant un cri d'épouvante.

Dans ce prêtre qui venait l'unir avec Lafosse elle avait reconnu Chanvallon.

On l'emporta évanouie.

La marquise d'Ermel, — désormais la générale Lafosse, — garda le lit pendant plusieurs jours.

On craignit pour sa raison.

Parmi les paroles qu'elle proférait au milieu de la fièvre revenaient obstinément ces mots, avec un effroi accompagné de spasmes :

— Le prêtre !... le prêtre !

Lafosse la veillait avec une sombre sollicitude.

De la scène de l'église, il était resté une ombre sur son front, un soupçon dans son cœur.

Dans les délires de Louise il cherchait à surprendre un indice sur ses lèvres ; il poursuivait avidement un interrogatoire auquel elle se dérobait avec tous les symptômes d'une horrible souffrance morale et physique.

Une nuit, entre autres, qu'il était penché sur elle, respirant son haleine brûlante et comprimant ses bras toujours convulsivement agités, il l'entendit répéter avec un accent plus étrange que jamais :

— Le prêtre !...

— Quel prêtre ? demanda Lafosse pour la centième fois.

— Lui ! dit-elle ; il vient me reprocher ma trahison... Empêchez-le d'approcher !

— Une trahison ! murmura sourdement Lafosse.

Et lui serrant plus fortement le bras :

— Parlez, dit-il ; parlez encore !

— Laissez-moi !

— Non... parlez du prêtre...

— Oui, prononça-t-elle en se débattant; le voilà! Oh! comme son air est sévère!... Chanvallon, grâce! grâce!

— Chanvallon?

Mais Louise ne l'entendait plus; renversée, inanimée, son pouls avait cessé de battre, ses yeux s'étaient refermés.

. . . .

La convalescence fut longue.

Les médecins conseillèrent un voyage dans le Midi.

Cela entrait absolument dans les idées du général Lafosse, qui, lui aussi, avait besoin d'un changement d'air. Ces derniers événements avaient modifié son caractère de fond en comble. Lui, habituellement insouciant et jovial, il était devenu rêveur et taciturne.

On devinait, à le voir, l'homme qui vit avec une idée fixe.

Dès le lendemain de son mariage, il s'était hâté de s'enquérir du prêtre dont la physionomie avait si fortement impressionné sa femme.

On lui avait donné un nom : l'abbé Duclos.

On lui avait donné une adresse; il y avait couru, — mais trop tard. L'abbé Duclos était parti depuis la veille au soir, sans dire où il allait.

Tout cela devait sembler fort extraordinaire en effet au général Lafosse.

— Il y a évidemment quelque mystère là-dessous, s'était-il dit; voilà ce que c'est que d'épouser une veuve!

Puis, il avait ajouté entre ses dents :

— Bonaparte me le payera!

XII

Deux mois après ce qui vient de se passer, pensionnaires et sociétaires de la Comédie-Française s'empressaient autour d'un individu vêtu de noir qui venait de faire une entrée timide dans le foyer.

— Est-ce possible ? s'écria Baptiste aîné ; eh quoi ! c'est vous, Chanvallon !

— Comment êtes-vous libre ? et depuis quand ?

— Arrivez donc, mesdames ! notre deuxième souffleur est retrouvé !

Et les exclamations de recommencer, et les poignées de mains d'aller leur train.

On sait combien Chanvallon était aimé de tous.

Aussi tous remarquèrent-ils le changement profond survenu dans ses traits depuis sa captivité.

Pourtant, ce n'était pas la captivité qui l'avait abattu; ses plus grandes douleurs dataient de sa sortie de prison.

Rétrogradons jusqu'à ce moment.

Le Premier consul avait tenu sa promesse : une ordonnance de non-lieu avait ouvert à Chanvallon les portes de la Conciergerie.

Aucune condition n'avait été mise à sa liberté.

On avait fait mieux : on lui avait offert, toujours d'après les ordres du Premier consul, un emploi dans un ministère à son choix.

Chanvallon avait refusé.

Ce refus, rapporté à Bonaparte, avait excité sa surprise.

— C'est un original! avait-il murmuré en haussant les épaules; qu'on ne me parle plus de ce monsieur.

Bonaparte n'aimait pas les originaux. Cela se comprend. Il y a une chose que ne peuvent supporter ceux qui se plaisent à étonner : c'est d'être étonnés à leur tour.

Comme on le suppose, le premier soin de Chanvallon avait été de se rendre chez la marquise d'Ermel.

— Elle est partie, lui avait répondu le concierge.

— Partie! pour quel endroit?

— Pour l'Italie, à ce que j'ai cru entendre.
— Seule?
— Non, avec son mari.

Chanvallon regarda le concierge avec effarement.

— Quel mari? dit-il.

— Le général Lafosse, parbleu!... Mais vous ne savez donc rien, monsieur Chanvallon?... Au fait, il y a si longtemps qu'on ne vous avait vu !

Chanvallon demeura comme foudroyé.

Toute la nuit, il la passa dans la rue, debout, immobile, devant les fenêtres closes de l'hôtel.

Le lendemain, il avait vieilli de dix ans.

Quel océan de pensées s'était soulevé, avait grondé et s'était apaisé dans cette tête? Nul ne pourrait le dire.

Toutefois est-il qu'après avoir erré quarante-huit heures dans Paris, et particulièrement au bord de l'eau, Chanvallon s'était trouvé, un soir, sans savoir comment, devant la Comédie-Française.

Il y était entré ; et l'on vient de voir la cordiale réception qui lui avait été faite au foyer.

Chanvallon en fut ému jusqu'aux larmes.

— Merci, messieurs ; et vous aussi, mesdames, merci... Je ne mérite pas tant de témoignages d'intérêt, en vérité.

— Comme vous voilà changé, mon pauvre Chanvallon ! dit la jeune Mars.

— On a raconté sur vous toutes sortes de choses extraordinaires, ajouta mademoiselle Devienne.

— Chut ! mesdames, interrompit Florence en mettant un doigt sur sa bouche ; cela touche à la politique. N'embarrassez pas Chanvallon, qui est, comme vous le savez, la discrétion même. Le voilà de retour, c'est le principal.

— Oui, Florence, et j'espère bien ne plus vous quitter, dit Chanvallon... Mais m'avez-vous conservé mon trou ?

— Certainement, répondit Dugazon en riant.

— Encore une fois, merci !...

Et pas plus tard que le lendemain, Chanvallon le souffleur se réinstallait philosophiquement dans « son trou. »

Il soufflait *le Jeu de l'amour et du hasard.*

XIII

Nous avons fait d'inutiles recherches pour découvrir quel était ce prêtre dont la ressemblance avec Chanvallon avait amené tant de péripéties. Les papiers de ce dernier sont muets là-dessus. Nous avons hésité entre plusieurs noms fameux.

Notre intention n'est pas de suivre Chanvallon dans tout le cours de son existence ; nous nous contenterons de mettre en ordre quelques-unes de ses notes les plus curieuses.

En voici une qui a trait à Bonaparte, devenu Napoléon Ier.

*
* *

Bouilly, le Bouilly de *l'Abbé de l'Épée* et de *Fan-*

chon la Vielleuse, vient de me raconter l'étrange accueil qui lui a été fait, il y a quelques jours, par l'empereur.

Je n'en ai pas été surpris.

Très-lié avec Joséphine, au temps où elle n'était encore que madame Bonaparte, Bouilly avait vu sa faveur se continuer auprès d'elle lorsqu'elle eut ceint la couronne. Commensal de l'hôtel Chantereine, il fut invité à venir à la Malmaison.

Après avoir hésité pendant quelques semaines, — comme s'il avait eu pressentiment de ce qui devait lui arriver, — Bouilly se décida à aller faire sa cour à la nouvelle impératrice.

Indépendant et peu soucieux de l'étiquette, bien que parfaitement élevé, notre littérateur eut l'idée malencontreuse de se présenter en chapeau rond. La bonne Joséphine n'y prit pas garde ; d'ailleurs, on était au milieu de la journée, et l'empereur n'était attendu que pour le soir. Bouilly avait sans doute compté sur cette absence.

L'impératrice lui proposa un tour dans le parc. Il accepta avec empressement.

Il y avait un quart d'heure environ que nous nous promenions en tête-à-tête, — c'est Bouilly qui parle, — Joséphine, à laquelle je donnais le bras, m'avait fait visiter sa serre et sa ménagerie ; elle avait même voulu que je donnasse à manger à ses deux magnifiques cygnes noirs. Tout à coup, au détour d'un massif, quel est notre étonnement en apercevant Napoléon !

— Seul?

— Non, avec Duroc. Nous nous arrêtons court. Il en fait autant et fronce le sourcil. Je devinai sans peine qu'il était froissé de ce qu'un simple particulier en frac uni et surtout en chapeau rond osât donner le bras à l'impératrice des Français. « Parbleu ! madame, s'écria-t-il, vous recevez ici toute espèce de monde ! » A ces mots d'une grossièreté sans égale, le rouge de l'offense me monta au visage, et j'allais me séparer de Joséphine, lorsque je sentis son bras retenir le mien. « Au moins, madame, — reprit l'empereur, ne pouvant maîtriser sa colère, — devriez-vous faire poser un tronc à la grille du parc, afin que tous vos visiteurs y pussent déposer une offrande en faveur des pauvres de Rueil ! »

Napoléon n'avait pas toujours la plaisanterie légère ; j'ai pu le constater à plusieurs reprises.

Bouilly continua :

— Mon embarras était au comble ; cependant, fier de la protection de Joséphine, je restai la tête haute. Duroc, redoutant quelque éclat fâcheux, crut devoir, par quelques coups de coude, me rappeler à la prudence. Napoléon n'y put tenir, et se plaçant devant moi, comme un lion qui va dévorer sa proie : « Après tout, que demandez-vous ici ? — Sire, répondis-je avec dignité, je ne suis pas de ceux qui demandent. — Expliquez-vous ! — Sa Majesté l'impératrice peut seule me justifier. — Et comme vous rirez tout à l'heure de votre emportement ! » ajouta Joséphine sans se départir de son calme sourire.

Cette fois l'empereur se tut. Il comprit qu'il s'était abandonné trop facilement à sa véhémence ordinaire, et nous nous dirigeâmes tous les quatre vers le vestibule du château. Là, je dégageai respectueusement mon bras, et je me disposai à prendre congé ; — mais lui, changeant soudainement de ton et de visage, me dit, en me désignant Duroc et les officiers qui venaient à sa rencontre : « Eh bien, n'entrez-vous pas avec eux dans la salle de billard ? » Malgré son tour gauche, c'était une sorte de réparation qu'il m'offrait.

— Vous acceptâtes ?

— J'aurais eu mauvaise grâce à ne pas le faire. D'ailleurs, en ma qualité d'auteur dramatique, j'étais très-curieux de voir le dénoûment qu'allait prendre cette aventure. Tandis que Napoléon et Joséphine s'acheminaient vers la bibliothèque, j'entrai donc au billard avec tous les aides de camp. « Êtes-vous fou, me dit alors Duroc, de vous être ainsi joué de la patience de l'empereur? — Ce n'est point moi qui me suis joué de lui, répondis-je, mais bien l'impératrice, qui, tout en l'amusant, m'a fait passer un de ces quarts d'heure critiques dont je ne perdrai jamais la mémoire. » Duroc me demanda mon nom, et, après quelques compliments, il ne put s'empêcher d'approuver ma conduite. On me proposa une partie à quatre. Était-ce le sentiment de mon audace envers le pouvoir impérial qui donnait à mon jeu plus de force, plus d'aplomb? bref, je me défendis contre les aides de camp de l'empereur aussi heureusement que je m'étais défendu contre leur maître.

Celui-ci arriva au moment où je venais d'exécuter plusieurs bloqués, ce qui lui fit dire en souriant : « Il paraît qu'il est en train de battre aujourd'hui tout le monde! » Il me fut aisé de comprendre que Joséphine avait dissipé l'orage. « Monsieur Bouilly, me dit-il quelques instants après en m'emmenant à l'écart, j'ai vu quelques-unes de vos productions; vous avez du talent, l'impératrice vous lit avec plaisir; qu'est-ce que je peux faire pour vous? » Je sentis que je touchais à l'instant de ma revanche. « Sire, je n'ai besoin de rien, répondis-je ; placé au milieu de l'échelle sociale, je ne tiens ni à monter ni à descendre ; je me trouve heureux dans mon petit coin de terre à mi-côte, où, comme Tacite, je ne crains rien des hommes ni des dieux. »

L'empereur sembla choqué de cette réponse ; son visage s'assombrit. Je ne voulus pas pousser plus loin ma rancune, et reprenant la parole : « Il est cependant une faveur que je solliciterais de votre Majesté, si je l'osais. — Ah !... et laquelle ? — Ce serait un édit, signé de votre main impériale, comme vous en écrivez sur l'affût d'un canon. — Un édit ? — Ne contenant que ces lignes : *De par Napoléon le Grand, défense est faite à tout parterre de la capitale et de la province de siffler les pièces de Bouilly, lors même qu'elles ne seraient pas bonnes.* »

Cette supplique parut si inattendue à l'empereur, qu'il ne put retenir un éclat de rire. Il mit familièrement sa main sur mon épaule et prononça ces paroles, qui me furent plus précieuses que toutes les faveurs dont il aurait pu me combler : « Allons, vous êtes un véritable homme de lettres ! »

Voilà ce que Bouilly m'a raconté tout à l'heure.

Il est incapable d'altérer la vérité.

Je l'ai beaucoup félicité sur sa présence d'esprit et sur sa noble fierté.

*
* *

Excellente représentation du *Glorieux*. — Baptiste aîné a rarement mieux joué ; il a mis moins de roideur et plus de vernis que d'habitude dans le comte de Tuffière.

Il y eut un temps où ces Baptiste si nombreux formaient à eux seuls la moitié de la troupe. Un étranger, assistant à une représentation qui les réunissait, s'avisa d'adresser les questions suivantes à son voisin :

— Quel est, je vous prie, l'acteur chargé du premier rôle?

— C'est Baptiste aîné.

— Pourriez-vous me nommer l'amoureuse? Elle a du mordant.

— Mademoiselle Baptiste.

— Et celui-ci, grimé si plaisamment?

— Baptiste cadet.

— Connaissez-vous l'actrice qui représente la duègne?

— Assurément ; c'est mademoiselle Baptiste.

— Baptiste! Baptiste! dit l'étranger en se récriant; ajoutez aussi que la pièce est de Baptiste, et ce sera complet.

⁎ ⁎ ⁎

La petite Mars fait peu de progrès ; elle est toujours aussi glaciale que par le passé. Il est douteux qu'elle puisse jamais atteindre aux premiers emplois, que la faiblesse de sa complexion semble d'ailleurs lui interdire.

XIV

— J'ai passé hier, vient de me dire tout à l'heure M. C. M., la soirée de ma vie la plus bizarre, la plus imprévue, la plus délicieuse, la plus littéraire, la plus audacieuse, la plus spirituelle, la plus...

— Abrégez, lui ai-je répliqué ; j'ai lu les lettres de la marquise de Sévigné.

— C'est que tous les adjectifs de l'incomparable caillette sont réellement insuffisants pour définir le genre de sensation qu'il m'a été donné d'éprouver.

— Vous piquez ma curiosité.

— Que serait-ce donc si je vous racontais l'aventure ! repartit M. C. M.

— Racontez alors, lui dis-je ; aussi bien, je vois que vous en grillez d'envie.

— C'est vrai, mon cher Chanvallon, mais je dois avouer que vous êtes tout à fait digne de la comprendre et d'en apprécier l'originalité exquise.

— Merci.

— Non, vous n'êtes pas le premier souffleur venu ; vous avez de l'instruction, de l'observation...

— Enfin cette aventure... ?

— La voici, dit M. C. M.

M. C. M. est un de nos plus fidèles habitués, jeune, gai, alerte, mordant au besoin. Il a composé quelques comédies et en tient d'autres en portefeuille dont on s'accorde à dire beaucoup de bien[1].

— Vous connaissez Delille? me demanda-t-il.

— Parbleu! l'abbé Delille... Delille des *Jardins*, Delille des *Géorgiques*.

— Vous savez qu'il est aveugle...

— Comme Milton ; qu'il s'occupe à traduire.

— Imaginez-vous que le digne homme, depuis sa cécité, est tourmenté de mille caprices, plus singuliers les uns que les autres. Une de ses idées fixes, entre autres, était de dîner au restaurant du *Cadran bleu*, qu'il fréquentait, à ce qu'il paraît, dans sa jeunesse. Ce désir fut dernièrement manifesté

---

[1] Chanvallon a probablement en vue Charles Maurice, qui débutait alors dans le monde littéraire.

par lui avec tant de vivacité, que nous résolûmes de le réaliser... en partie.

— Comment! en partie?

— Eh! oui, reprit M. C. M.; vous comprenez bien que nous ne voulions pas exposer notre cher poëte à la curiosité dans un endroit public. D'un autre côté, nous tenions à lui rendre ses souvenirs dans tout leur charme. Nous décidâmes qu'on le conduirait dans la maison d'un ami, qu'on ferait passer pour le *Cadran bleu*. M. et madame Saint-Prix, qui sont logés très-spacieusement, réclamèrent la préférence.

— Voilà de l'ingénieux!

— Au jour marqué, une voiture alla chercher Delille et sa femme, et les conduisit chez Saint-Prix, rue du Cherche-Midi, aux antipodes du boulevard. En mettant pied à terre, Delille huma l'air à plusieurs reprises en murmurant d'un air satisfait : « Comme cela sent le restaurant! » Au même intant, une voix lui criait aux oreilles : « De belles huîtres bien fraîches, mon beau monsieur! — Oui, oui, ouvrez-en, répondit-il; ouvrez-en plusieurs douzaines, ma bonne. » On monta au premier, et on lui fit traverser plusieurs pièces en enfilade, où se trouvaient une douzaine des nôtres, chargés de simuler un grand mouvement de va-et-vient. Chacun de nous s'était choisi un rôle. Baptiste cadet était le garçon qui devait servir la table de Delille. Vous devinez ses lazzi, son empressement, ses bévues comiques...

— Je le vois d'ici !

— Barré, Radet et Desfontaines s'étaient installés à une table voisine. Ils représentaient de bons bourgeois de Quimper-Corentin, ignorants de toutes choses et s'ébahissant aux noms de tous les mets. Picard était un capitaine de vaisseau, jurant par *bâbord* et *tribord* ; Étienne Jourdan figurait un misanthrope, déclarant tout détestable et trouvant qu'on faisait trop de bruit dans la salle.

— Et vous ?

— Moi, je jouais au naturel un amateur de spectacles, pestant contre la lenteur du service qui allait m'empêcher d'assister à une première représentation de l'Ambigu. Delille prêtait une oreille attentive à tous ces propos qui se croisaient autour de lui, et s'applaudissait de l'idée qu'il avait eu de « revoir » son cher *Cadran bleu*. Tout à coup un vacarme épouvantable se fait entendre d'un cabinet voisin. Une voix d'homme et une voix de femme alternent sur un mode emporté ; un son d'assiettes que l'on casse se mêle au bruit d'une sonnette qu'on agite..,

Menacés, pleurs, supplications... Puis, un silence. Il semble que quelques pièces d'or roulent sur le plancher. Pour le coup, c'est bien un baiser qui a retenti ! La réconciliation est faite. Delille a souri. « Voilà, dit-il, ce qu'on n'entend que chez les restaurateurs ! »

— Je conviens que la situation est bouffonne.

— Attendez. Le dîner touche à sa fin. Saint-Prix propose à Delille d'aller prendre son café au *Jardin Turc*. « Le *Jardin Turc !* s'écrie Delille ; comme je voudrais le connaître ! — Rien de plus facile ; le restaurant y communique de plain-pied. » On se lève gaiement. Madame Saint-Prix, représentant la dame du comptoir, demande aux convives s'ils sont satisfaits. « Enchantés ! répond Delille ; oh ! nous reviendrons, nous reviendrons ! »

— Très-bien ; mais le *Jardin Turc*...?

— Était le propre jardin de Saint-Prix, un modeste bosquet transformé en café populeux par les mêmes procédés de tout à l'heure. Là encore, nous figurâmes la foule. « Fleurissez-vous, messieurs, mesdames ! » Ainsi criait la fille du concierge, travestie en bouquetière « Voici une vielleuse qui passe ! dit Barré ; si nous l'invitions à nous chanter quelque chose ? — Volontiers, répond Delille ; allons, ma belle enfant, n'ayez pas peur. » La *belle enfant*, qui était Baptiste Cadet, lui dégoisa des couplets à mourir de rire. Bref, en se retirant, Delille déclara qu'il ne s'était jamais autant amusé que ce soir-là. Je suis sûr qu'il parlera longtemps de sa partie au *Cadran bleu*.

— Gardez-lui le secret, au moins, dis-je; il serait capable de vous en vouloir.

— Soyez tranquille, répondit M. C. M.; nous l'aimons trop pour lui révéler jamais cet innocent badinage... Et puis, d'ailleurs, il ne nous croirait pas !

*
* *

Que n'a-t-on pas dit — et surtout inventé — sur les rapports de Napoléon avec Talma !

La vérité est que le général avait été intimement lié avec le comédien, autant que la froideur réciproque de leurs caractères pouvait comporter une intimité.

Sur ce chapitre il faut reconnaître la discrétion toujours très-grande de Talma. Les seuls renseignements que j'ai obtenus à ce sujet me sont arrivés par un de ses amis, M Ardibert.

Sous le Consulat, Talma se rendait une fois par

semaine aux Tuileries pour assister au déjeuner de Bonaparte ; — court spectacle !

Il crut devoir cesser ses visites lorsque le Premier consul fut devenu l'empereur. Celui-ci ne pouvait manquer de s'en apercevoir ; il en toucha quelques mots à Regnault de Saint-Jean d'Angely.

— Je ne vois plus Talma, lui dit-il ; est-ce qu'il me bouderait, lui aussi ? voudrait-il jouer au Brutus ? C'est un de ses meilleurs rôles au théâtre, il est vrai.

Dès le lendemain, ces paroles étaient répétées à Talma par Regnault lui-même. Talma s'inclina ; il savait qu'un désir de Napoléon équivalait à un ordre formel. Un matin donc, à l'heure du déjeuner impérial, il se rendit aux Tuileries. Il n'avait pas commis la faute de Bouilly ; voici quel était son costume, irréprochablement conforme à l'étiquette de la nouvelle cour : habit de drap marron à la française, doublé de satin blanc ; culotte courte de soie noire ; souliers à petites boucles d'or ; le chapeau à plumes, et l'épée à poignée d'acier, richement façonnée.

Au moment de se mettre à table, l'empereur eut un mouvement de satisfaction en apercevant Talma. Le déjeuner terminé, il s'approcha de lui, et lui dit à demi-voix :

— C'est bien, Talma, c'est très-bien...

Quelques instants après, il lui faisait signe de le suivre dans son cabinet.

— Je reconnais votre tact habituel, Talma, — dit Napoléon, — et je vous en sais gré ; vous avez compris que vous vous présentiez chez l'empereur.... Vous avez compris également que vous deviez attendre d'y être invité. Mais soyez persuadé que vous retrouverez toujours en moi l'homme du passé. Mon manteau impérial n'est pas le manteau de l'oubli. J'aurai même grand plaisir à revenir sur ces causeries de jadis, où vous me parliez de mes destinées futures. Vous avez été le premier, Talma, je m'en souviens, à découvrir mon étoile. Je ne vous savais pas si bon astronome.

Une autre fois, — car Talma, à partir de ce jour, ne discontinua plus ses visites, — Napoléon lui dit en riant :

— Savez-vous ce qu'on vient de me rapporter? On prétend que vous me donnez des leçons de tenue... oui... que vous m'apprenez mon métier d'empereur.

— Moi, sire? balbutia Talma déconcerté.

— J'avoue que je ne saurais avoir un meilleur professeur.

— Sire, cette raillerie...

— Ce n'en est pas une, reprit Napoléon. Mais causons d'autre chose. Vous avez joué hier *la Mort de Pompée*; j'étais dans ma loge.

— Aussi ai-je redoublé d'efforts pour satisfaire Votre Majesté.

— Eh bien, mon cher Talma, vous n'y avez réussi qu'à demi... Et tenez, puisque vous passez pour me donner des leçons de royauté, je veux, à mon tour, vous donner une leçon de tragédie.... Vous fatiguez trop vos bras... Les chefs d'empire sont moins prodigues de mouvements; ils savent qu'un geste, un regard est un ordre; dès lors ils ménagent et le geste et le regard. A moi, par exemple, combien de fois un signe du doigt m'a-t-il suffi pour mettre en feu trois cents pièces de canon et pour donner à cent mille hommes un royaume à conquérir !... Il est aussi un vers dont l'intention vous échappe ; vous le prononcez avec trop de franchise :

Pour moi qui tiens le trône égal à l'infamie...

César ne dit point là tout ce qu'il pense. Tant de batailles livrées ne lui ont pas donné le pouvoir souverain pour lui faire mépriser la puissance parvenue à son dernier terme. Mais il a besoin de flatter les vieilles idées de Rome et de ne pas blesser ses soldats qui l'écoutent. Ne faites pas parler César comme Brutus. Quand l'un dit qu'il a les rois en horreur, il faut le croire; mais non pas l'autre. Marquez cette différence.

On ne m'a point raconté ce que Talma avait répondu à ces très-justes observations.

*
* *

J'ai vu naître, ou plutôt grandir l'art de la claque à la Comédie-Française, — car la claque est vieille comme le monde. On peut, du moins, sans craindre d'erreur, la faire remonter à Néron. Cet histrion couronné avait créé le corps des *augustans*, dont les fonctions consistaient à l'applaudir lorsqu'il chantait sur le théâtre. A des intervalles indiqués, ils criaient en chœur :

— César! vous êtes beau! vous êtes divin! personne ne saurait vous vaincre ni même vous égaler!

Pendant ce temps-là, Burrhus et Sénèque faisaient signe aux spectateurs de partager l'enthousiasme des claqueurs salariés :

> Tandis que des soldats, de moments en moments,
> Arrachaient du public les applaudissements.

On connaissait déjà, à cette époque, diverses sortes d'applaudissements, telles que le *bourdonnement*, la *tuile*, le *pot de terre*. En vérité, c'est à croire que nous n'avons rien inventé du tout !

Chez nous, — c'est-à-dire à la Comédie-Française, — Dorat est regardé avec raison comme un des plus chauds propagateurs de l'ordre de la claque. Il dépensa une partie de sa fortune à faire soutenir ses pièces, et l'autre moitié à faire imprimer ses poésies. Après sa tragédie de *Régulus* et sa comédie de *la Feinte par amour*, qui furent représentées le même soir, il se trouva redevoir sept cents livres aux comédiens.

— Encore deux ou trois succès comme celui-là, mon cher, et vous êtes un homme ruiné ! lui dit La Harpe.

J'ai eu entre les mains une copie du « Règlement à l'usage des claqueurs du premier Théâtre-Français, » rédigé par l'illustre Robert, notre entrepreneur de succès.

En voici quelques articles qui ne manquent pas de piquant :

« Tout claqueur faisant partie de l'une des brigades en service auprès du Théâtre-Français doit d'abord se pourvoir d'une mise décente, attendu qu'il est possible qu'on le désigne pour *travailler* à l'orchestre, à la première galerie, ou même dans une loge louée. Toutefois, il lui est expressément défendu d'avoir des gants, parce qu'il pourrait les garder par distraction, par vanité ou par paresse, et que son travail en souffrirait.

« Tout acteur sociétaire a droit à une salve dès son entrée en scène ; seulement il faut que les bravos soient mieux nourris pour les membres du conseil d'administration, car ce sont eux qui fixent le nombre des billets à distribuer. Les deux semainiers doivent également être *chauffés* à un degré de plus que les autres sociétaires ; c'est un usage qui a force de loi.

« Mêmes manœuvres doivent s'effectuer aux sorties, avec les nuances commandées par le rang de chaque artiste. Au reste, il suffit d'avoir l'œil ouvert sur le chef de file, qui, ayant le mot d'ordre, fait tous les signaux convenus. Cette partie du métier n'est, pour ainsi dire, que le pont aux ânes.

« Mais ce qui exige la plus grande attention, c'est la manière de distribuer les applaudissements pendant la représentation d'une pièce : il faut sentir, deviner ce qu'éprouve le spectateur, afin de ralentir ou de presser, selon la circonstance. Dans ce cas, on cause avec ses voisins, et l'on ne part que lorsqu'on les voit disposés à marcher d'accord.

« Ce qu'il ne faut jamais négliger, c'est de saisir toutes les allusions qui peuvent flatter l'amour-propre d'un acteur ou d'une actrice. Quand, par exemple, il se trouve qu'un personnage dit à l'autre : *Vous jouez parfaitement la comédie !* ou bien : *Vous avez infiniment d'esprit !* il faut alors montrer par des bravos soutenus qu'on a su comprendre l'intention de l'auteur. »

XV

J'ai nommé tout à l'heure le comte Regnault de Saint-Jean d'Angely.

M. le comte venait quelquefois, lui aussi, au foyer des artistes; il ne dédaignait pas de causer avec moi. Il avait su ma conduite dans l'affaire des *Philadelphes,* et il me témoignait quelque estime.

Une fois, il me dit, en m'attirant vers une embrasure de fenêtre :

— Votre emploi doit vous laisser des heures de loisir?

— En effet, monsieur le comte.

— Et ces heures, reprit-il, vous les employez sans doute de manière à augmenter vos modestes ressources?

— Autant que je le peux, répondis-je.

— Vous faites des copies ?

— Quelques-uns de nos auteurs veulent bien me donner leurs manuscrits à transcrire.

— C'est ce que je voulais dire... On vous confie des travaux tout particuliers. Eh bien, monsieur Chanvallon, voyez comment cela se trouve ; j'ai justement un travail de ce genre-là à vous confier.

— Trop honoré, monsieur le comte !

— Un de mes amis... intime... très-intime..., mêlé à des événements importants, et sur le point de quitter la France... peut-être pour quelques années... m'a remis des notes précieuses, en m'autorisant à les mettre en ordre et à en tirer un double.

— C'est d'un esprit prudent, observai-je.

— Mais ces notes, vous le comprenez, ne peuvent passer de mes mains qu'entre celles d'une personne absolument sûre et discrète, d'un copiste...

— Capable, au besoin, d'oublier ce qu'il copie, dis-je en souriant.

— Précisément.

— Votre ami et vous, monsieur le comte... vous et votre ami, vous pouvez êtes absolument rassurés. Je suis la personne qu'il vous faut. Je fais tout machinalement, et la besogne que j'accomplis est celle à laquelle je pense le moins.

— C'est parfait! Vous recevrez prochainement mes notes... je veux dire les notes de mon ami. Inutile d'ajouter que vous les recevrez par une voie anonyme.

— Comme il vous plaira, monsieur le comte.

Ces notes sont restées pendant près d'une année en ma possession.

Sans être absolument compromettantes, elles exhalaient ce parfum d'indépendance auquel jamais nez impérial ne sut s'habituer. On y retrouvait l'esprit du courtisan qui se détend, qui respire, qui se venge.

J'en fis durer la copie assez longtemps, si bien qu'il m'arriva involontairement de copier deux fois le même chapitre.

C'est à cette distraction que je dois de retrouver aujourd'hui le récit assez amusant d'une visite imprévue que l'empereur fit au rédacteur de ces notes, dans la maison de campagne que celui-ci possédait sur les bords de la Seine.

Excusez les fautes du copiste.

Ce jour-là, je savais que l'empereur devait chasser au delà de Poissy, en compagnie du prince Eugène et du grand maréchal du palais.

Quelque chose m'avait dit de me trouver chez moi, prêt à tout événement. L'esprit d'aventure de Napoléon m'était connu : il aimait à surprendre son monde, — mais il n'aimait pas à en être pour ses frais de surprise.

Mon pressentiment ne me trompait pas.

Vers onze heures du matin, trois cavaliers montés sur de superbes chevaux arabes remplissaient de bruit ma petite cour plantée de tilleuls.

C'étaient l'empereur, Eugène et Duroc.

— Sire, quel honneur pour moi ! m'écriai-je en accourant ; pouvais-je jamais m'attendre à un tel excès de faveur !

— C'est bon, c'est bon, dit l'empereur en riant ; ne vous hâtez point tant de vous enorgueillir ; nous venons ici incognito.

— Incognito, sire ?

— En d'autres termes, ce n'est point un front couronné que vous recevez chez vous, c'est un soldat qui vient passer quelques instants avec un ancien camarade.

— Mon bonheur est plus grand alors que je n'osais le rêver.

— Flatteur !

— A propos, dit Duroc, je vous préviens que Sa Majesté, malgré son incognito, est dans d'excellentes dispositions pour déjeuner... et nous aussi.

— Je vais donner les ordres nécessaires, dis-je en m'empressant.

Empressement inutile, car le déjeuner était disposé depuis deux heures.

Lorsque je revins au bout de cinq minutes, ce fut pour annoncer que Sa Majesté était servie.

— Dites le comte de Poissy, répliqua Napoléon.

— Le comte de Poissy, soit.

— Louis XV faisait ainsi dans ses parties champêtres ; il prenait le nom de la commune sur laquelle il se trouvait.

Et Napoléon était ravi de se modeler sur Louis XV

— Voilà, dit-il en se mettant à table, un repas impromptu dont Méot se ferait honneur ! On ne nous traitait pas ainsi chez madame Guillot, rue de Lulli... vous en souvient-il ?

— Comment aurais-je pu l'oublier !

— Notre dîner nous coûtait vingt-cinq sous par tête. Une somme !

— Sire, vous étiez alors simple officier...

— Ajoutez sans traitement.

— Et moi, pauvre avocat sans cause, je rédigeais des brochures critico-politiques qui ne faisaient qu'un saut de l'imprimeur chez l'épicier.

— C'était le bon temps! s'écria Napoléon.

— Je ne suis pas entièrement de l'avis de Votre Majesté, répondis-je.

— C'est que vous avez toujours été un ambitieux!

De la part de Napoléon, le reproche était au moins étrange; et, à ce qu'il paraît, ma figure en témoigna un tel ébahissement, que lui-même ne put s'empêcher d'en rire.

La conversation se continua fort gaiement jusqu'au café.

— Napoléon en prit deux tasses.

— Volney me gronderait, dit-il; il affirme que c'est là ce qui me tuera.

On se leva de table.

Napoléon voulut jeter un coup d'œil sur le salon; il s'approcha machinalement de quelques inscriptions dont il était orné.

Je frémis.

— Qu'est-ce que cela? demanda-t-il; des vers... Sont-ils de vous?

— Non, sire, répliquai-je vivement; ce sont des extraits de différents auteurs. Le précédent propriétaire, un original, une espèce de sauvage, qui avait la tête remplie d'un fatras littéraire, les a tracés de sa propre main. Il n'y a rien là qui puisse arrêter l'attention de Votre Majesté.

— Pourquoi donc? dit-il avec son esprit de contradiction accoutumé.

Et s'approchant, il lut :

Exterminez, grands dieux, de la terre où nous sommes
Quiconque avec plaisir répand le sang des hommes.
(VOLTAIRE.)

Il faut avouer que Napoléon était mal tombé.

Je me mordis les lèvres.

Il se retourna vers moi et me dit avec le plus grand sérieux :

— Voilà deux vers excellents à appliquer aux ex-jacobins... et aux rois qui nous font la guerre.

C'était s'en tirer habilement.

Il passa à une autre inscription, un quatrain de Pibrac :

Je ne vois onc prudence avec jeunesse ;
Bien commander sans avoir obéi ;
Être fort craint et n'être pas haï ;
Être tyran et mourir de vieillesse.

Décidément Napoléon jouait de malheur.

— Eh! eh! il y a du bon dans ce vieux style, murmura-t-il en réprimant sa mauvaise humeur.

Il alla plus loin, et lut :

> Sur le front des héros les lauriers se flétrissent.
> (CHÉNIER.)

— Allons voir le jardin, dit-il.

— Votre Majesté le trouvera bien petit, prononçai-je.

— Je l'agrandirai.

— Cela vous sera peut-être difficile, sire.

— Pourquoi ?

— Des propriétés voisines... et jalouses...

— Bah ! j'ai bien agrandi la France, j'agrandirai bien peut-être un jardin. Tenez la chose comme faite.

— Grand merci, sire.

— Vous m'avez été utile, et je ne suis pas un ingrat, quoi qu'en disent mes ennemis.

— Vos ennemis ! m'écriai-je, quels sont-ils ?

— Les royalistes, les républicains.

— Votre Majesté s'en exagère le nombre. N'entend-elle pas partout sur son passage ces cris flatteurs, ces vivats prolongés... ?

— Applaudissements ordonnés par la police, dit Napoléon en haussant les épaules.

— Détrompez-vous, sire.

— Je dois le savoir, monsieur, puisque c'est moi qui paye.

— L'armée est à vous d'esprit et de cœur.

— Un tiers de mes soldats regrette encore Moreau.

— Vous avez du moins vos sénateurs, vos conseillers d'État, tous ceux qui doivent leur fortune à Votre Majesté.

— Ils seraient les premiers à me tourner le dos si la fortune me trahissait. Leur fortune? dites-vous. Je leur donne des appointements énormes, c'est vrai, afin qu'ils vivent noblement. Eh bien, j'ai dû forcer la plupart d'entre eux à acheter une voiture. Ils mettent de côté les trois quarts de leurs revenus dans la crainte d'une révolution.

La conversation devenait difficile à soutenir.

Eugène de Beauharnais vint à mon secours.

— Ce bosquet est délicieux, dit-il ; et ces statues...

— Oh! oh! ces statues sont un peu avariées, murmurai-je.

— N'importe, elles ont de la grâce, dit Eugène.

— Des ébauches de Coustou.

— Un Jupiter...

— Manchot.

— Un Apollon...

— Boiteux.

— Une Vénus de marbre.

— Avec une tête de plâtre, répliquai-je.

— C'est un Olympe bien endommagé, dit l'empereur en riant ; je me charge de renouveler vos dieux, lors de ma prochaine conquête... Ah! de nouvelles inscriptions! Décidément, c'était la manie de votre prédécesseur.

Lisons encore :

> Tous les hommes vivants sont ici-bas esclaves;
> Mais suivant ce qu'ils sont ils diffèrent d'entraves :
> Les uns les portent d'or et les autres de fer.
> (RÉGNIER, satire III.)

— Le choix n'est pas incertain, quand on est le maître, ajouta Napoléon.

> Sous un roi citoyen tout citoyen est roi.
> (RACINE fils.)

— Sottise !... Voyons plus loin.

> Dieu fit la liberté, l'homme a fait l'esclavage.
> (CHÉNIER.)

> Un seul moment d'erreur ternit vingt ans de gloire.
> (LE MÊME.)

— Chénier ! Chénier ! toujours Chénier ! prononça Napoléon avec humeur ; le répertoire du bonhomme est assez restreint.

Je n'avais rien à répondre.

On reprit le chemin de la maison. J'avais fait donner de l'avoine aux arabes. Ils attendaient dans la cour, frémissant, piaffant.

Quelques minutes après, l'empereur montait en selle, m'envoyant un adieu de la main.

XVI

Je n'ai connu ni Voltaire ni le grand Frédéric, mais j'ai connu Vestris, et je m'en réjouis autant que je m'en félicite.

Le *dieu de la danse*, bien qu'il s'exagérât sa valeur, avait une originalité incontestable.

Ses contemporains ne lui ont accordé que des jambes. Moi, je lui ai connu un cœur.

Ce cœur était des plus inflammables ; il battit surtout, vers la quarantième année, pour une jeune Hollandaise appelée mademoiselle Heinel.

Mademoiselle Heinel était l'élève favorite de Vestris, qui lui avait dévoilé tous les secrets de son art.

En revanche, il briguait d'elle une récompense, qui lui semblait toute naturelle, et qu'elle se refusait obstinément à lui accorder. D'abord, avec sa suffisance italienne, doublée d'impertinence française, il avait voulu être son amant. Repoussé avec un grand déploiement d'indignation, il se proposa comme mari.

Nouveau refus de mademoiselle Heinel.

Le divin Vestris en demeura plusieurs semaines atterré, — sur une jambe.

Jamais pareille résistance n'était venue le surprendre dans sa carrière triomphale. Aussi son dépit en fut-il réel. Il n'imita pas ces généraux qui jurent de vaincre ou de mourir : il jura de vaincre, — c'est-à dire d'épouser mademoiselle Heinel.

Et il tint parole.

L'histoire de ce mariage est des plus extravagantes, et l'on pourrait en faire un proverbe à la Carmontelle, intitulé : *un Mariage par gourmandise*.

Un jour, un laquais, s'annonçant de la part de madame la maréchale de M..., remit à mademoiselle Heinel le billet suivant :

« Ma chère enfant,

« Vous êtes ravissante, et encore ravissante! Je ne cesse de le dire à tout le monde, et je veux le dire à vous-même. J'ai prié Vestris de vous amener demain

à ma petite maison de Bagnolet où je donne une fête.
C'est dire que vous en serez le premier ornement.

« A demain donc, chère belle.

« LA MARÉCHALE DE M. »

Ce billet flatta infiniment l'amour-propre de mademoiselle Heinel, qui, comme toutes les personnes de théâtre, était fort sensible aux avances des gens de cour.

Elle le relisait pour la quatrième ou cinquième fois lorsque Vestris se présenta chez elle.

— Vous arrivez à merveille, mon cher maître, lui dit-elle ; voici ce que je viens de recevoir.

— Je sais, dit Vestris.

— La maréchale me fait beaucoup d'honneur ; on n'est pas plus aimable qu'elle, en vérité.

— Ajoutez qu'elle a un grand crédit auprès des directeurs de l'Opéra, et que sa protection peut vous être extrêmement utile. Avez-vous répondu à sa lettre ?

— Pas encore.

— Pourquoi ? demanda Vestris.

— Je suis un peu embarrassée... Est-il bien convenable que j'aille seule avec vous à cette fête ?

— Une élève avec son maître, rien de plus convenable.

— Si nous emmenions ma mère? interrogea mademoiselle Heinel.

— Ce serait me faire injure... et puis, votre mère n'est pas sur le programme.

— Eh bien, Vestris, je me fie à votre chevalerie.

— C'est ce que vous avez de mieux à faire, ma déesse.

— Vous avez plus que moi l'habitude de ces parties du grand monde. Faites-dire à madame la maréchale que je me rendrai à son invitation.

— Très-bien. Soyez prête à midi. Je viendrai vous chercher. Surtout, ne mangez pas trop auparavant! La maréchale a un cuisinier incomparable.

— Que vous êtes étrange, Vestris! dit mademoiselle Heinel avec un haussement d'épaules.

— Mignonne, on connaît votre péché mignon.

En effet, mademoiselle Heinel était connue pour sa gourmandise. Défaut rare chez une danseuse! Elle mangeait comme Louis XIV et donnait dans les viandes solides.

Cela expliquait l'air malicieux de Vestris, et pourquoi avant de franchir le seuil de la chambre il se retourna une seconde fois pour répéter sa recommandation :

— Ne mangez pas trop !

Le lendemain, à l'heure convenue, une voiture les emportait tous deux sur la route de Bagnolet. Une toilette de bon goût rehaussait les charmes de la belle Hollandaise. Vestris ne pouvait se lasser d'admirer son écolière. Il essaya, pendant le trajet de remettre son amour sur le tapis, ainsi que ses propositions de mariage ; mais ce fut inutilement. On l'éludait, on le plaisantait, on ramenait la conversation sur la fête à laquelle on se rendait.

La voiture s'arrêta, au bout de trois quarts d'heure, devant une habitation isolée, d'apparence gentille, mais ne répondant pas à l'idée que mademoiselle Heinel s'était faite de la maison de plaisance d'une maréchale.

Un domestique vint ouvrir la grille.

J'ai vu ce domestique quelque part, murmura mademoiselle Heinel.

— Vous ne vous trompez pas, dit Vestris ; il a été pendant quelque temps à mon service... Je l'ai cédé à la maréchale.

Ils montèrent un petit perron, et ils se trouvèrent dans une antichambre déserte. Mademoiselle

Heinel s'étonna qu'il n'y eût personne pour les recevoir.

— Suivez-moi, dit Vestris en s'engageant dans un corridor ; je connais la maison par cœur.

— Informons-nous plutôt auprès du domestique, répliqua mademoiselle Heinel.

Mais le domestique avait disparu.

— Par ici, continua Vestris, par ici... nous allons trouver du monde.

— Voilà qui est singulier ! pensa la danseuse.

Vestris poussa une porte qui donnait sur une pièce décorée dans un style tout à fait galant : glaces partout, ottomanes faisant face à toutes les glaces, panneaux ornés de peintures mythologiques.

— Personne encore ! dit mademoiselle Heinel.

— Tous les invités ne sont peut-être pas arrivés, objecta Vestris ; il est de bonne heure.

— Soit, mais la maréchale...

— La maréchale est sans doute dans le parc.

— Allons l'y rejoindre.

— Ne sera-ce pas indiscret ?... Mieux vaut l'attendre ici.

— Ici ?

Et le regard de mademoiselle Heinel, se promenant autour d'elle, ne put s'empêcher de remarquer le goût érotique qui avait présidé à l'ameublement.

— Asseyons-nous un instant, ma reine, dit Vestris.

La reine se laissa prendre par la main et conduire vers un sofa jonquille.

— Ce silence... un jour de fête... murmura-t-elle, peu rassurée.

— Ce silence est complice de mon amour. Le bruit viendra trop tôt, hélas !

Il n'avait pas quitté la main de son élève.

— Causons de notre mariage, lui dit-il en s'asseyant à côté d'elle.

— Encore ?

— Toujours !

— D'un peu moins près alors, dit-elle en tournant la tête de tous les côtés.

— Que craignez-vous ?

— Je ne sais...

— Quand aurai-je le bonheur de vous conduire à l'autel ?

Mademoiselle Heinel se leva.

— Tenez, Vestris, dit-elle, conduisez-moi vers madame la maréchale.

— Nous avons le temps, répondit-il en essayant de la retenir.

— Non, tout de suite !

— Un instant, de grâce.

— Je le veux, reprit-elle en frappant du pied, l'œil étincelant et le bras étendu vers la porte.

— Bravo ! la pose est admirable ! s'écria Vestris ; on jurerait que je vous fais répéter. Belle comme Junon en courroux !

— Vous osez sourire ?

— Je l'ose.

Elle se dirigea vers la porte, et la trouva fermée.

— Qu'est-ce que cela signifie ? dit mademoiselle Heinel en s'adressant à Vestris, qui était resté immobile sur le sofa jonquille.

— Vous avez trop d'esprit pour ne pas vous répondre à vous-même, lui dit-il en souriant toujours.

— Un guet-apens !

— Oh ! non... un piége, tout au plus, un stratagème innocent.

— Innocent !

— Sans doute. Nous agissions ainsi dans l'Italie, qui est le pays de l'imagination par excellence.

— Où suis-je donc ?

— Hier, j'aurais pu dire : chez moi... Aujourd'hui je réponds : chez vous.

— Chez vous! répéta mademoiselle Heinel en fureur.

— La, la... calmez-vous, mon ange!

— Et la maréchale?

— Elle ne saura jamais que j'ai abusé de son nom.

— Ainsi cette prétendue fête...?

— Peut en devenir une réelle pour moi, répondit Vestris?

— N'approchez pas!

— Ai-je l'air de bouger?

— Savez-vous que vous êtes un monstre, Vestris?

— On me le disait en Italie, j'ai fini par le croire en France.

— Qu'espérez-vous de cette détestable plaisanterie?

— Tout simplement vous amener à signer une promesse de mariage que j'ai préparée.

— C'est parfait, dit mademoiselle Heinel d'un ton ironique; rien ne manque à votre scénario. Pourtant, je crois que vous serez obligé de changer le dénoûment.

— C'est justement au dénoûment que je tiens le plus, dit Vestris.

— Tant pis !

— Mais enfin, pourquoi ne voulez-vous pas devenir ma femme?

— Parce que je veux rester ma maîtresse.

Vestris soupira.

— Je vous donne une heure de réflexion, dit-il; dans une heure je reviendrai.

— Comment! vous allez me laisser seule ici! s'écria mademoiselle Heinel.

— N'y est-on pas aussi bien que possible? dit Vestris.

— Je vous avertis que je vais crier...

— On ne vous entendra pas.

— Appeler à l'aide...

— On ne viendra pas.

— C'est une indignité!

— Non, répliqua Vestris; c'est une nécessité. Consentez à signer le chiffon que voici, et je vous rends immédiatement votre liberté.

Il lui mettait sous les yeux la promesse de mariage.

— Jamais! dit impérieusement mademoiselle Heinel.

— Alors, dans une heure, dit froidement Vestris.

Et après avoir salué, comme lui seul savait saluer au monde, il sortit par une porte secrète, avant que mademoiselle Heinel, stupéfaite, eût le temps de faire un pas.

— Qu'est-ce que cela veut dire? se demanda-t-elle; est-il sérieux ou badin? dans tous les cas, il se trompe étrangement s'il croit m'obtenir par la contrainte.

Il y avait quelques livres épars dans le boudoir. Elle se mit à les parcourir en feignant une tranquillité qui était loin de son esprit.

Tout à coup une odeur délicieuse arriva jusqu'à elle.

— Ah! le dîner qu'on prépare! dit-elle avec un accent de satisfaction. Il était temps!

Elle ne se trompait pas. Au même instant, un léger bruit se fit entendre : un guichet s'ouvrit dans la boiserie, assez large pour laisser pénétrer le regard dans tous les détails de la pièce voisine, qui était une jolie salle à manger.

La table était servie.

Deux couverts y figuraient.

Sur des réchauds, entretenus à une température modérée, fumaient discrètement les plats qui avaient enchanté l'odorat de mademoiselle Heinel. Le vin rafraîchissait dans un seau d'argent.

Un de ces meubles nommés *servantes*, sur lequel s'étageaient une douzaine d'assiettes, indiquait qu'aucun domestique n'était appelé à troubler ce fin repas.

Ce spectacle exerça une vive impression sur les sens de mademoiselle Heinel, dont nous avons fait connaître les aptitudes gastronomiques.

— Allons! pensa-t-elle, Vestris est décidément un homme entendu en toutes choses.

Sur ces entrefaites, l'illustrissime danseur apparut dans le salle à manger.

Il s'approcha du guichet, où ses yeux rencontrèrent ceux de mademoiselle Heinel.

— Êtes-vous décidée à signer? demanda-t-il.

— Non.

Alors il revint à la table et enleva un couvert.

— Que faites-vous? dit-elle anxieuse.

— Vous le voyez, je m'apprête à déjeuner.

— Seul?

— Seul, dit Vestris.

— Vous n'y pensez pas!

— Voyez plutôt.

Il s'assit méthodiquement, de manière à lui faire face. Méthodiquement aussi il attira à lui un poulet à la dauphine, dont il enleva l'aile droite avec dextérité.

La danseuse n'en revenait pas.

— Exquis ! dit Vestris après la première bouchée.

La danseuse suffoquait.

Vestris s'était versé du vin. Il leva son verre pour en admirer la riche robe de pourpre.

— Ceci, dit il, me vient directement du maréchal de Richelieu : c'est une bouteille de son excellent cru de Saint-Émilion, dans le Bordelais... A votre santé, mon adorable !

Les regards de mademoiselle Heinel flambaient de colère et d'envie.

— Ce jeu va cesser, n'est-il pas vrai ? dit-elle.

— Quand vous voudrez.

— Vestris... mon cher Vestris... vous que j'ai connu si complaisant, si aimable...

— O le merveilleux pâté ! dit Vestris sans paraître l'entendre.

— Ouvrez-moi.

— Avez-vous signé ?

La danseuse ne répondit pas.

— La promesse de mariage est sur le guéridon, continua Vestris ; vous trouverez de l'encre et une plume dans le secrétaire en bois de rose, à votre droite.

La danseuse lui lança un regard foudroyant, et elle retourna s'asseoir sur le sofa, le plus loin possible du guichet.

Elle ne voulait plus voir.

Mais elle ne pouvait empêcher que les parfums de la table se répandissent autour d'elle et l'enveloppassent d'une vapeur séductrice.

Elle ne pouvait empêcher non plus les exclamations de ravissement que son bourreau ne lui épargnait pas.

— Ces petits pois sont la suavité même !

— Que cette pêche est fondante !

— Je n'ai jamais rien goûté de comparable à ces croque-en-bouches !

Puis il faisait claquer sa langue, et l'on devinait mille contorsions de béatitude.

— Sablerai-je le champagne ? se demanda-t-il ensuite.

Le vin de Champagne était la folie de mademoiselle Heinel.

— Oui, se répondit Vestris.

Et bientôt après, le bruit joyeux d'un bouchon

sautant au plafond alla porter à son comble l'exaspération de la danseuse.

Son supplice dura jusqu'à la fin du dîner de Vestris, que celui-ci prolongea avec une barbarie raffinée. Il ne lui fit même pas grâce du refrain qu'amènent invariablement avec eux les pétillement du sillery.

Après quoi il sortit pour aller respirer l'air pur du jardin.

Mademoiselle Heinel demeura seule une deuxième fois.

Sa perplexité était grande. Que devait-elle faire ? A quel parti devait-elle se résoudre ?

L'après-dînée s'écoula ainsi.

D'heure en heure, la figure du cruel Italien se montrait au guichet.

— Eh bien? disait-il.
— Eh bien, quoi? répliquait mademoiselle Heinel.
— Avez-vous signé?
— Non.

L'obstination de la danseuse croissait en raison de sa faim, — et ce n'était pas peu dire.

En plusieurs heures, mademoiselle Heinel passa par tous les degrés de la rage, du désespoir, de l'abattement.

A l'une des apparitions de Vestris, elle essaya de transiger.

— Eh bien, lui dit-elle.... ouvrez.... nous verrons..... je ne dis pas non.

— Avez-vous signé? articula l'implacable danseur.

Mademoiselle Heinel haussa les épaules et lui tourna le dos.

Le soir vint, et avec le soir l'heure du souper.

Mademoiselle Heinel en vit tous les préparatifs, comme elle avait vu tous les préparatifs du dîner.

— Oh! murmura-t-elle, je ne pourrai jamais subir cette nouvelle torture!

Lui, Vestris, était calme et rayonnant comme un dieu.

Au moment où il allait recommencer la scène du matin, — aux bougies cette fois, — il entendit une voix dolente qui l'appelait:

— Vestris!

— Que voulez-vous, ma chère amie?

— Vestris, je sens que je vais mourir..... Mes forces m'abandonnent..... je me meurs, Vestris!

— Rassurez-vous, répondit Vestris, la bouche pleine.

— N'aurez-vous pas pitié de moi?

— Il n'y a que vous d'impitoyable, ma divine.

Mademoiselle Heinel était étendue sur l'ottomane, dans une attitude propre à exciter la pitié de tout autre que Vestris.

Elle se redressa subitement.

— Ah çà! c'est donc vrai? s'écria t-elle d'une voix qui avait recouvré toute sa sonorité; votre intention est donc réellement de me prendre par la famine? Vous êtes donc tout à fait décidé à me laisser périr d'inanition? Ce n'était pas assez d'un enlèvement, d'un rapt! Ignorez-vous, Vestris, que la loi peut s'armer de toute sa rigueur contre vous?

— J'ai tout prévu, dit-il tranquillement, tout calculé.

— Savez-vous que vous pouvez être pendu?

— Je le sais.

— Rompu, écartelé, brûlé...?

— Je le sais.

— Et cela ne vous fait pas hésiter?

— Que voulez-vous! je ne tiens pas à la vie.

— Et vous êtes disposé à pousser jusqu'au bout votre exécrable dessein?

— A mon grand regret! soupira Vestris.

— C'est qu'il le ferait comme il le dit! dit mademoiselle Heinel confondue par ce sang-froid.

Il avait cessé de l'écouter ; sa fourchette plongeait déjà dans un plat.

— Arrêtez ! s'écria-t-elle.

La fourchette s'immobilisa.

— Qu'est-ce que vous vous disposez à manger là? demanda mademoiselle Heinel.

— Un chaud-froid de vanneaux.... Ma cuisinière réussit particulièrement ce mets.

— Un chaud-froid de vanneaux !... répéta la danseuse, les yeux fermés, les narines dilatées, c'en est trop !

Puis brusquement, d'un seul bond, elle s'élança vers le guéridon, et saisissant la plume, elle traça sa signature au bas de la promesse de mariage.

La porte de la salle à manger s'ouvrit presque aussitôt, et Vestris parut sur le seuil.

— Le souper est servi ! dit-il joyeusement en lui tendant la main.

— Vous me payerez cela, Vestris ! murmura-t-elle entre ses dents.

— Qui sait ?

Un mois après, Vestris conduisait « à l'autel » sa belle écolière.

. . ..

Quelques mots de post-scriptum.

Le fond de cette anecdote est tout à fait historique. Le général Lasalle en parle dans son ouvrage intitulé : *l'Anneau de Salomon.*

Quant au mariage, voici en quels termes il fut annoncé dans la *Chronique scandaleuse*, rédigée par Champcenetz : « Vestris, si justement appelé, quoi qu'on en dise, le *diou de la danse*, a fait véritablement ce que nos roués appellent *une fin :* il s'est marié. Mademoiselle Heinel lui tenait au cœur depuis longtemps. Était-ce *parce qu'il l'avait souffletée* en plein théâtre, il y a quelques années ? était-ce parce qu'il s'en était vu dédaigné ?.... » (Tome I, page 8).

* * *

Dans ma tête, un beau jour, ce talent se trouva...

Mais je n'avais pas, comme le Francaleu de *la Métromanie*, cinquante ans quand cela m'arriva.

A force de souffler, l'envie me prit de tâter du métier d'auteur comique.

Je composai une petite pièce en un acte, que je fis parvenir anonymement à nos sociétaires.

Je n'en eus jamais de nouvelles.

Peut-être le ton en parut-il trop cavalier, l'intrigue trop invraisemblable, les caractères trop inconsistants... que sais-je ?

Au bout d'un an, toujours par la voie de l'anonyme, je fis réclamer mon manuscrit au secrétariat.

On me fit répondre qu'on l'avait égaré.

Mais jamais on ne prend sans vert — et sans copie de ses œuvres — un auteur si chétif qu'il soit. Je viens de retrouver un second exemplaire de ma mince comédie.

La lira qui voudra!

VENEZ, JE M'ENNUIE !

COMÉDIE EN UN ACTE

PERSONNAGES :

LA MARQUISE.   LE DUC.
LE BARON.   LISETTE.

La scène est à Spa. — Époque Louis XV. — Un salon.

SCÈNE PREMIÈRE

LA MARQUISE, LISETTE.

LA MARQUISE — La triste ville que la ville de Spa ; et que je fus mal inspirée lorsque j'y vins achever le temps de mon veuvage !

LISETTE. — L'opinion de madame la marquise n'est pas celle de tout le monde.

LA MARQUISE. — Comment cela, Lisette ?

LISETTE, *ouvrant un volume.* — « Spa, délicieuse ville belge, renommée par la beauté de ses promenades et par les qualités curatives de ses eaux... Spa, séjour des Jeux et des Ris, attire chaque année un grand concours d'étrangers. »

LA MARQUISE. — Ton livre ne sait ce qu'il dit. Je ne comprends pas quel charme on peut goûter dans cette bergerie.

LISETTE. — Il y a cependant beaucoup de gens qui s'y plaisent.

LA MARQUISE. — Quelles gens ?

LISETTE. — Eh ! mais, tous ces jeunes seigneurs venus des différentes cours de l'Europe et qui mènent ici un train d'enfer.

LA MARQUISE. — Sais-tu les noms de quelques-uns d'entre eux ?

LISETTE. — Certainement. Le comte de Rieux, M. de Lormel, M. d'Autichamp, le duc de Saint-Genest....

LA MARQUISE. — Le duc de Saint-Genest ?

LISETTE. — Oh! celui-là est cité comme le plus fou. On ne parle que de lui à la *Redoute* et à l'*Allée de sept heures*. Il n'est pas de jour qu'il ne s'affiche en parties galantes et en paris extravagants.

LA MARQUISE. — Comment est-il de sa personne?

LISETTE. — Un charmant cavalier, à ce qu'on dit. Madame la marquise doit l'avoir vu passer sous ses fenêtres.

LA MARQUISE. — Il n'est pas décent pour une veuve de se montrer fréquemment à la croisée.

LISETTE. — Une veuve comme madame la marquise, soit, car j'en ai vu d'autres. Mais madame la marquise s'exagère plus que personne les obligations du veuvage, et c'est surtout parce qu'elle ne veut pas se distraire que la ville lui semble manquer de distractions.

LA MARQUISE. — Tu as peut-être raison, Lisette.

LISETTE. — Car enfin tout est spectacle à Spa, et même sans sortir de cet hôtel.....

LA MARQUISE. — Ah! oui, parlons de cet hôtel... de l'hôtel d'Orange, qu'on m'avait indiqué comme un logis convenable, et dont j'ai loué le premier étage. Tu conviendras qu'on ne saurait voir une société plus mêlée que celle qui semble s'y être donné rendez-vous. Par exemple, cette demoiselle qui habite au-dessus de moi, et qui reçoit tant de monde....

LISETTE. — mademoiselle Fideline?

LA MARQUISE. — Ah! c'est Fideline qu'elle s'appelle? Un nom de théâtre sans doute.

LISETTE — Je crois en effet qu'elle est un peu actrice, mais ses plus grands succès ne sont pas à la scène. Elle fait la pluie et le beau temps à Spa ; on ne jure que par Fideline ; les bouquets, les cadeaux se succèdent chez elle toute la journée.

LA MARQUISE. — Sans compter les visites. Quel contraste avec ma solitude ! Ah ! comme je regrette Paris, ses plaisirs de bon ton, et les amis que j'y ai laissés !.... — A propos de mes amis, Lisette !

LISETTE. — Madame?

LA MARQUISE. — Es-tu bien sûre d'avoir mis l'autre jour ma lettre à la poste ?

LISETTE. — Quelle lettre, madame?

LA MARQUISE. — Ne dirait-on pas que j'en écris par vingtaines ? La lettre que je t'ai donnée il y a quinze jours pour le baron de Liversan.

LISETTE. — Certes, madame. Je vois encore l'adresse : « A monsieur, monsieur le baron de Liversan, quai des Théatins, numéro quatre, à Paris. » Rassurez-vous, je l'ai portée moi-même au bureau.

LA MARQUISE. — Il est bien singulier alors que le baron ne soit pas arrivé, ou du moins qu'il ne m'ait pas répondu. Croirais-tu, Lisette, que je l'engageais à venir me rejoindre ici ?

LISETTE. — En vérité, madame !

LA MARQUISE. — Tout de bon. Tu sais que le baron est un peu mon cousin...?

LISETTE. — Et beaucoup votre adorateur.

LA MARQUISE. — Adorateur qui ne demanderait pas mieux que de se transformer en mari. C'est pourquoi je ne comprends rien à ce retard. Il ne faut pas quinze jours pour aller de Paris à Spa.

LISETTE. — La lettre de madame la marquise n'était peut-être pas conçue en termes assez... encourageants.

LA MARQUISE. — Juges-en toi-même, elle ne contenait que ces mots : « *Venez, je m'ennuie !* »

LISETTE. — Ah ! madame, que cela est bien trouvé *Venez, je m'ennuie !* On ne saurait dire tant de choses en si peu de mots. Cela ose tout et cela n'engage à rien. Voilà la véritable éloquence. Ce *Venez, je m'ennuie !* vaut son pesant d'or.

LA MARQUISE. — Tu es folle, Lisette.

LISETTE. — Non, non, madame la marquise. Je sens tout le prix de *Venez, je m'ennuie !* et je veux m'en servir à l'occasion.

LA MARQUISE. — Finis, te dis-je.

LISETTE. — Et M. le baron de Liversan a pu résister à ce *Venez, je m'ennuie !*

LA MARQUISE. — Tu le vois, hélas !

LISETTE. — Cela est impossible, madame. Le baron doit être en route à l'heure où nous parlons.

LA MARQUISE. — Ne cherche pas à me consoler, Lisette. Le baron est infidèle, je le sens bien.

LISETTE. — Et moi, madame, quelque chose me dit.... (*On entend un coup de sonnette au dehors.*)

LA MARQUISE. — On a sonné, Lisette!

LISETTE. — Croyez-vous, madame?

LA MARQUISE. — J'en suis sûre.... Mais va donc vite!... Si c'était...? (*Lisette sort.*)

LISETTE, *du dehors, à quelqu'un qu'on ne voit pas.* — Mademoiselle Fideline? Non, monsieur, ce n'est pas ici, c'est l'étage au-dessus. (*Bruit d'une porte qu'on ferme. Lisette rentre. A la marquise.*) Eh bien, madame, vous avez entendu?

LA MARQUISE. — Oui, Lisette. Encore une visite pour mademoiselle Fideline!

LISETTE. — Il n'y a pas d'heure que cela ne se renouvelle, et cette méprise d'étage amène à votre porte un essaim de godelureaux. Je passe mon temps à leur répondre: « Mademoiselle Fideline? Ce n'est pas ici, c'est plus haut. » Je ne sais plus si je suis une femme ou une perruche.

LA MARQUISE. — Cela est impatientant, à la fin. Je

suis outrée. Il faut que ce manége cesse, Lisette, entends-tu? il le faut.

LISETTE. — Je ne demande pas mieux, mais par quel moyen?

LA MARQUISE. — Écoute-moi, j'ai une idée.

LISETTE. — J'écoute, madame la marquise.

LA MARQUISE. — La prochaine fois que quelqu'un sonnera pour demander Fideline, tu répondras : C'est ici.

LISETTE. — Oh! madame!

LA MARQUISE. — Et tu feras entrer.

LISETTE. — Y pensez-vous?

LA MARQUISE. — Puis tu viendras m'avertir.

LISETTE. — Quoi! madame la marquise voudrait...?

LA MARQUISE. — Je veux me distraire.

LISETTE — Mais pourtant...

LA MARQUISE — Je veux être Fideline pendant dix minutes, un quart d'heure, une heure... pendant tout le temps qu'il me plaira.

LISETTE. — Réfléchissez...

LA MARQUISE. — Je veux savoir ce que l'on peut dire à ces créatures.

LISETTE. — Je m'en doute bien.

LA MARQUISE. — C'est que tu es plus avancée que moi.

LISETTE. — Je ne reconnais plus madame la marquise. Une semblable témérité!...

LA MARQUISE. — C'est la faute au baron. Je suis furieuse contre lui... Tu feras ce que je t'ai dit, Lisette. (*Elle rentre chez elle.*)

SCÈNE II

LISETTE, *seule; puis* LE DUC.

LISETTE. — En voilà bien d'une autre ! Après tout, comme dit madame la marquise, c'est la faute au baron. Que ne se hâte-t-il davantage ! (*Un coup de sonnette.*) Je ne me trompe pas, on recommence déjà à sonner. Rappelons-nous bien nos instructions. (*Sortie.*)

LE DUC, *à la cantonnade*. — Mademoiselle Fideline, s'il vous plaît?

LISETTE, *de même*. — Ce n'est pas... c'est-à-dire c'est ici ; oui, c'est ici... Veuillez entrer, monsieur.

LE DUC. — Ah ! — Elle est chez elle, n'est-ce pas ?

LISETTE. — Mademoiselle Fideline ?... Oui, monsieur, oui...

LE DUC. — Qu'as-tu donc, petite? Tu parais tout effarouchée.

LISETTE. — Moi, monsieur !

LE DUC. — Va prévenir ta maîtresse; va, mon enfant.

LISETTE. — Qui annoncerai-je ?

LE DUC. — C'est juste, elle ne m'a jamais vu... Annonce le duc de Saint-Genest.

LISETTE. — Ah ! le duc de...!

LE DUC. — D'où vient ton étonnement ? est-ce que tu me connais?

LISETTE. — Non, mais j'ai beaucoup entendu parler de M. le duc.

LE DUC. — Et tu as entendu dire sans doute que j'étais généreux?.. Attends, petite. Ouvre ta main... là. (*Il lui donne une bourse.*)

LISETTE. — Monsieur le duc de Saint-Genest est au-dessus de sa réputation.

LE DUC. — Comment te nomme-t-on ?

LISETTE. — Lisette, pour vous servir.

LE DUC. — Parbleu ! tu me serviras... et pour commencer, Lisette, apprends-moi quelle sorte de femme est ta maîtresse.

LISETTE. — Monsieur le duc veut plaisanter.... Monsieur le duc connaît bien mademoiselle Fideline.

LE DUC. — Non vraiment. Il se peut que je l'aie aperçue à la promenade, mais je n'ai rien retenu de ses traits. On la dit fort bien.

LISETTE. — Fort bien n'est pas assez.

LE DUC. — Bah ! tu piques ma curiosité. A son caractère maintenant. Quel est-il ?

LISETTE. — Indéfinissable.

LE DUC. — Indéfinissable, Lisette ? En es-tu bien sûre ? est-ce que tu crois qu'il y a des caractères indéfinissables ?

LISETTE. — Pour moi du moins, oui, monsieur le duc.

LE DUC. — Eh bien, j'en suis enchanté ; il y a longtemps que je ne m'étais vu tête à tête avec un problème. Le problème Fideline ! Cela doit être amusant.

LISETTE, *à part*. — Il est gai.

LE DUC. — Mais tes renseignements ne m'avancent guère, mon enfant. Voyons, dis-moi autre chose ; donne-m'en pour mon argent. Si cela t'embarrasse de parler des qualités de ta maîtresse, parle-moi de ses défauts. Tu vois que je te mets à ton aise.

LISETTE. — Ses défauts ? Je ne lui en connais qu'un.

LE DUC. — C'est bien peu. N'importe, dis toujours.

LISETTE. — Capricieuse à l'excès.

LE DUC. — Tant mieux ! Je ne peux pas souffrir les femmes tout unies. Ah ! elle est capricieuse ! Palsambleu ! mes caprices tiendront tête aux siens ; je t'en réponds. — Tiens, Lisette, je raffole déjà de Fideline !

LISETTE. — Le beau feu de paille !

LE DUC. — Si c'était celle que je cherche depuis plusieurs années ?...

LISETTE. — Monsieur le duc cherche une femme ?

LE DUC. — Pas précisément. Je cherche la femme.

LISETTE. — Cela peut vous mener loin.

LE DUC. — Revenons à ta maîtresse.

LISETTE. — En savez-vous assez sur son compte ?

LE DUC. — Je me contenterai de ce que tu m'as appris. Quant aux moyens à employer pour arriver à lui plaire, je ne t'interrogerai pas là-dessus. Cela me regarde.

LISETTE, *à part*. — Le fat !

LE DUC. — Mais je suis impatient de voir Fideline.

LISETTE. — Je cours l'avertir. (*A part, en riant.*) C'est la faute au baron !

SCÈNE III

LE DUC, *seul.*

Qui est-ce qui m'a donc poussé ici ? Je ne m'en souviens plus. — Ah ! si. — Je passais tout à l'heure dans la rue, lorsque je me heurtai à deux individus qui, le nez levé, disaient : « C'est là que demeure Fideline. » Fideline ! ce nom me poursuivait justement depuis plusieurs jours ; je ne pouvais aller en aucun endroit sans l'entendre prononcer. Fideline par-ci, Fideline par-là. Tous mes amis m'en rebattaient les oreilles. — Parbleu ! me suis-je dit, me voilà tout porté pour aller contempler cette beauté à la mode. Et je suis monté tranquillement. C'est horrible de simplicité. A présent, il s'agit de devenir amoureux. Cela n'est pas absolument impossible. Je ferai comme j'ai toujours fait jusqu'à présent : j'y mettrai beaucoup de bonne volonté. A ce jeu-là mon cœur ne court aucun risque..... Et c'est là ce qui me désespère par moments. (*Sérieux.*) De l'amour je n'ai jamais connu que l'amourette, cette monnaie banale d'un inestimable trésor. Qui sait pendant combien de temps encore je suis condamné au plaisir facile et à l'intrigue rapide !

Après tout, je suis comme tous ceux de mon époque. Je n'ai jamais souffert par les femmes. Est-ce un bien ? est-ce un mal ? Je ne sais. On m'a affirmé que les larmes existaient. Il faut bien le croire. La source s'en trouve-t-elle chez moi ? ce serait à en douter. — Holà ! je me surprends à philosopher... et chez Fideline ! La fantaisie est trop bouffonne. — Du bruit.... C'est elle.

(*La marquise a changé de toilette, elle est en rose ou en bleu.*)

SCÈNE IV

LE DUC, LA MARQUISE.

LE DUC, *après un échange de profonds saluts ; à part.* — Lisette ne m'a pas trompé, elle est ravissante.

LA MARQUISE. — Monsieur le duc de Saint-Genest

veut bien honorer de sa visite une pauvre recluse telle que moi?

LE DUC. — L'honneur n'a que faire ici, ma charmante (*Mouvement de la marquise*), et vous vous moquez des gens le plus gracieusement possible avec votre reclusion. La belle Fideline une recluse ! la reine de Spa !

LA MARQUISE, *à part*. — C'est vrai, j'oubliais mon rôle... (*Haut.*) Oserai-je vous demander ce qui me vaut la faveur de vous voir ?

LE DUC. — Vous vous en doutez bien... Le bruit de votre renommée.

LA MARQUISE. — Dans ce cas, je rends grâce à ma renommée. Elle fait bien des choses.

LE DUC. — Savez-vous que vous dépassez tout ce qu'on m'avait dit de vous? Je veux que la peste m'étouffe si vous n'êtes cent fois plus piquante que la petite Brillanville ou que la grande Fontenay.

LA MARQUISE, *à part*. — Il débute familièrement. (*Haut.*) Qu'est-ce que c'est que la grande Fontenay et la petite....?

LE DUC. — Allons, vous voulez rire.

LA MARQUISE. — Excusez mon ignorance.

LE DUC. — Quoi ! vous ne les connaissez point ? Ce sont deux de nos nymphes les plus répandues.

LA MARQUISE. — Ah!

LE DUC. — On ne voit qu'elles au jardin du Palais-Royal, dans les loges de l'Opéra, partout.

LA MARQUISE. — C'est que je ne vais pas partout, monsieur le duc.

LE DUC. — Je m'étonne moins alors de ne vous avoir jamais rencontrée. Je m'en voudrais à la mort de ne vous avoir pas rendu sur-le-champ les hommages auxquels vous avez infiniment plus de droit que tant d'autres.

LA MARQUISE. — Tant d'autres... nymphes?

LE DUC. — A votre égard le mot est en effet insuffisant.

LA MARQUISE. — Impertinent même.

LE DUC, *surpris*. — De la dignité?.... C'est merveilleux, sur ma parole! Tenez, vous venez d'avoir un mouvement comme une grande dame.

LA MARQUISE. — Ah!... vous trouvez?

LE DUC. — Vous devez très-bien jouer la comédie, Fideline.

LA MARQUISE. — Je suis quelquefois un peu gauche.

LE DUC. — On vous formera.

LA MARQUISE. — Bien obligée.

LE DUC. — Ah çà, ma belle, c'est entendu, je vous adore. Je suis féru de vos divins appas, comme disent les poëtes; je suis pris dans vos lacs et prêt à porter vos chaînes.

LA MARQUISE. — Ah! mon Dieu, monsieur le duc, qu'est-ce que vous me dites là?

LE DUC. — La vérité, mon cœur.

LA MARQUISE. — Et depuis quand cette vérité est-elle née?

LE DUC. — A l'instant, je ne m'en défends pas... tout à coup, comme la plupart des vérités.

LA MARQUISE. — Cela tient du prodige! Et vous vous imaginez sans doute qu'à l'instant je vais vous croire... que tout à coup je vais être persuadée?

LE DUC. — Je l'espère du moins.

LA MARQUISE. — Eh bien, supposons que je vous croie. Après?

LE DUC. — Comment! après? (*A part.*) Voilà une singulière fille.

LA MARQUISE. — Vous ne me répondez pas?

LE DUC. — Venez vous asseoir là, sur ce sofa.

LA MARQUISE. Est-ce nécessaire à votre éloquence?

LE DUC. — Indispensable. (*Il prend la marquise par la main et la conduit vers un sofa.*)

LA MARQUISE. — Parlez donc. (*A part.*) Où cela va-t-il me mener? Lisette s'est trop empressée de se prêter à mon étourderie.

LE DUC, *après avoir pris place à côté d'elle.* — Ma chère Fideline, j'ai à Paris, du côté de la Nouvelle-France, une petite maison délicieuse, que je brûle d'envie de vous offrir. J'ai, en outre, un carrosse à glaces, qui vient de chez Martin, et qui a fait fureur à Longchamp. La petite maison ne va pas sans le carrosse. J'ai compté que vous vous accommoderiez de l'une et de l'autre.

LA MARQUISE, *raillant.* — C'est trop de générosité, monsieur le duc.

LE DUC. — De votre côté, rien ne vous attache à ce pays bocager; votre place est ailleurs, dans un milieu plus brillant; et du moment que vous n'avez aucun attachement sérieux...

LA MARQUISE. — Qu'en savez-vous?

LE DUC. — Cela se saurait. On m'a bien parlé du chevalier de Lillebonne, et puis aussi du comte de Vandamme, qui vous font une espèce de cour. Vous plaît-il que je vous débarrasse de leurs importunités?

LA MARQUISE. — A dire vrai, ces messieurs me sont fort indifférents.

LE DUC. — A merveille! Ainsi, nous voilà parfaitement d'accord tous les deux, ma chère Fideline.

LA MARQUISE. — Pas du tout, monsieur le duc.

LE DUC. — Vous avez résolu de me faire damner,

friponne. (*Mouvement de la marquise.*) Quelle raison pourriez-vous m'opposer?

LA MARQUISE. — La raison est que je n'ai rien à vous donner en échange de ce que voulez bien m'offrir.

LE DUC. — N'est-ce que cela qui vous embarrasse? Ne soyez pas inquiète. Vous ignorez toutes les richesses que vous possédez, ma déesse... (*Il s'approche tendrement de la marquise.*)

LA MARQUISE, *à part*. — Il est temps de couper court à ce badinage. (*Haut.*) N'importe, monsieur le duc, je refuse votre marché.

LE DUC. — Un marché! Ne vous servez donc pas de ces termes-là.

LA MARQUISE. — Le mot n'y fait rien assurément; c'est la chose que je refuse.

LE DUC. — Vous refusez...!

LA MARQUISE. — La petite maison de la Nouvelle-France et le carrosse à glaces de chez Martin... Oui, monsieur le duc.

LE DUC. — Est-ce possible?

LA MARQUISE. — Serait-ce donc la première résistance que vous eussiez rencontrée dans votre carrière galante?

LE DUC. — Ma foi, oui.

LA MARQUISE. — Eh bien, il y a un commencement à tout.

LE DUC. — Je tombe de mon haut. Est-ce bien Fideline qui parle de la sorte?

LA MARQUISE, *à part*. — Nous y voilà. (*Haut.*) Et si je n'étais pas Fideline ?

LE DUC. — A d'autres !

LA MARQUISE, *sérieuse*. — Je vous assure, monsieur le duc, que je ne suis pas Fideline.

LE DUC. — Ah bah !

LA MARQUISE. — Je vous l'atteste sur l'honneur.

LE DUC. — Eh bien, qu'est-ce que cela me fait? — Est-ce que je tiens à Fideline, moi?

LA MARQUISE. — Comment?

LE DUC. — C'est bien plus drôle ainsi.

LA MARQUISE. — Je suis....

LE DUC. — Tu es une femme charmante, cela me suffit.

LA MARQUISE, *offensée*. — Monsieur le duc, j'ai droit à votre respect.

LE DUC. — Bon! je commence à me faire à ces grands airs ! (*Il lui ceint la taille avec le bras.*)

LA MARQUISE, *se dégageant*. — Ne m'obligez pas, monsieur le duc, à appeler ma femme de chambre.

LE DUC, *se mordant les lèvres; à part.* — Ce ton de dignité.... je n'y comprends rien. Voilà le problème annoncé. (*Après un silence; s'approchant de la marquise.*) La, la.... faisons la paix.

LA MARQUISE. — Non.

LE DUC. — Si.

LA MARQUISE, *plus faiblement.* — Non...

LE DUC. — Eh bien, un armistice?

LA MARQUISE. — Désarmez le premier.

LE DUC. — Soit. (*Il lui tend la main, elle lui donne la sienne, qu'il retient.*) L'adorable main !

LA MARQUISE. — Trahison !

LE DUC. — Vous vous trompez..; et la preuve... (*Il tire une bague de sa veste.*)

LA MARQUISE. — Que voulez-vous faire?

LE DUC, *qui n'a pas lâché la main de la marquise.* — Je veux vous passer au doigt le gage de notre traité de paix.

LA MARQUISE. — Qu'est-ce que c'est que cela?

LE DUC. — Mon bijoutier prétend que c'est un diamant de quelque prix.

LA MARQUISE. — Les feux qu'il jette sont superbes.

LE DUC. — N'est-ce pas?... Souffrez alors....

LA MARQUISE. — Nenni.

LE DUC. — Nenni ! Pourquoi nenni ?

LA MARQUISE. — On ne verrait plus mes doigts.

LE DUC. — O coquetterie ! Rassurez-vous...

LA MARQUISE. — Non, vous dis-je, laissez cela.

LE DUC. — Sérieusement ?

LA MARQUISE. — Sérieusement.

LE DUC. — Je n'ai jamais vu de femme comme vous.

LA MARQUISE, *en riant.* — Il m'est facile de vous renvoyer votre compliment... ou votre épigramme : Je n'ai jamais vu d'homme comme vous.

LE DUC. — Encore une fois...

LA MARQUISE. — Inutile. (*Un silence.*)

LE DUC. — Permettez qu'à mon tour j'appelle votre femme de chambre.

LA MARQUISE. A votre aise, monsieur le duc. (*Le duc sonne. A part.*) Qu'est-ce que cela signifie ?

SCÈNE V

LES MÊMES, LISETTE

LISETTE. — Madame me demande ?

LA MARQUISE. — Moi ? Non, Lisette.

LE DUC. — Approche, Lisette.

LISETTE, *étonnée*. — Que j'approche, monsieur le duc?...

LE DUC. — Tiens, Lisette, voici une bagatelle que ta maîtresse veut bien me permettre de t'offrir.

LISETTE, *interdite*. — A moi?

LE DUC. — A toi-même.

LISETTE. — Un diamant! (*Elle se tourne vers la marquise, comme pour la consulter.*)

LA MARQUISE, *avec humeur*. — Cela ne me regarde pas.

LE DUC. — Prends donc, te dis-je.

LISETTE, *vivement*. — Oh! bien volontiers! Grand merci, monsieur le duc... et vous aussi, madame la marquise.

LE DUC, *stupéfait*. — Madame la marquise?...

LISETTE, *à part*. — Aïc! j'aie fait une maladresse. Ma foi, tant pis!

LE DUC, *à part*. — J'ai été joué.

LA MARQUISE, *les examinant, à part*. — Les deux plaisantes figures! J'ai toutes les peines du monde à ne pas éclater de rire. (*Haut.*) Lisette, laissez-nous..

SCÈNE VI

LE DUC, LA MARQUISE.

LE DUC, *à part*. — Une marquise!... C'est une marquise!

LA MARQUISE, *à part*. — Son air d'effronterie est tombé ; ayons pitié de lui. (*Haut.*) Monsieur le duc...

LE DUC. — Madame la marquise...

LA MARQUISE. — J'ai quelques excuses à vous faire pour une espièglerie dont vous avez peut-être, jusqu'à un certain point, le droit d'être surpris.

LE DUC. — Je ne demande qu'à être surpris. C'est la sensation dont je suis le plus avide.

LA MARQUISE. — Que vous dirai-je pour ma justification? Je m'ennuyais. J'ai cédé à un mouvement de curiosité, j'ai voulu savoir ce que l'on pouvait dire à ces sortes de créatures.

LE DUC. — Dans ce cas, votre femme de chambre vous a trahi trop tôt. Je n'avais pas encore tout dit.

LA MARQUISE. — Il faut pardonner quelque chose à l'isolement dans lequel je vis.

LE DUC. — En effet, je vois la marquise, mais je ne vois pas le marquis. Est-ce qu'il est en voyage, monsieur le marquis?

LA MARQUISE. — Non.

LE DUC. — Il est peut-être malade? (*La marquise se détourne sans répondre.*) Mieux que cela?.. Oh! qu'ai-je dit.

LA MARQUISE. — Je suis veuve, monsieur le duc.

LE DUC. — Veuve!... Le ciel en soit loué!

LA MARQUISE, *sévèrement*. — Encore?... vous croyez toujours parler à Fideline.

LE DUC. — Oh! non; les écailles sont tombées de mes yeux, et je me demande comment j'ai pu m'y tromper un seul moment... Tant de distinction et de grâce!... C'est à vous à me pardonner, si vous avez l'âme assez généreuse.

LA MARQUISE. — Puisque vous tenez à transposer les rôles, soyez satisfait... et pardonné.

LE DUC. — Merci!... Pourvu maintenant que la marquise veuille bien continuer à m'écouter avec les oreilles de Fideline!

LA MARQUISE. — Cela dépend... Que vous reste-t-il à me dire?

LE DUC. — Toujours la même chose.

LA MARQUISE. — Quoi ! monsieur le duc, vous persistez à...?

LE DUC. — A me dire amoureux de vous. Certes, marquise. Plus que jamais et mieux que jamais ! Mon amour a grandi subitement et prodigieusement, depuis que le hasard s'est chargé de le justifier. Le ciel me préserve de rien déranger à l'œuvre du hasard !

LA MARQUISE. — M'est-il possible de vous croire, et puis-je m'imaginer que vous parlez sincèrement ?

LE DUC. — Je n'ai jamais été plus sincère qu'à présent, je vous jure. J'en suis le premier étonné et ravi.

LA MARQUISE. — Accoutumé à vivre au milieu des intrigues, vous savez prendre tous les langages.

LE DUC. — Cette fois, celui-ci naît sans effort sur mes lèvres. Vous l'inspirez tout naturellement, et il semble que je n'y ai aucune part.

LA MARQUISE. — Non, je ne peux ajouter foi à vos paroles. D'ailleurs, où vous mènerait cette belle passion ?

LE DUC. — Encore la question de tout à l'heure !... Je l'ignore, puisque c'est un sentiment nouveau pour moi ; mais qu'importe où l'amour me mène ! Je suis tout aux enchantements du voyage.

LA MARQUISE. — Bien pour vous. Moi je tiens à savoir où je vais. De tels voyages ne sont bons qu'avec des Fideline.

LE DUC. — Cessez de m'accabler sous ce nom.

LA MARQUISE. — Comment voulez-vous que je n'y revienne pas? Vous recommencez sans cesse à me traiter comme elle. — A propos, êtes-vous toujours dans l'intention de m'offrir votre carrosse à glaces et votre petite maison?

LE DUC. — Vous êtes impitoyable.

LA MARQUISE. — Et vous inexplicable. Sais-je ce que vous voulez et où vous allez? Avec Fideline vous mettiez sur les i des points plus gros que les i eux-mêmes. Avec la marquise vous ne ponctuez plus du tout. Comment puis-je régler ma conduite?

LE DUC. — Mon étonnement est sans égal. Avez-vous pu supposer un seul instant que j'apporterais à la marquise le même hommage qu'à Fideline? Ce serait me juger bien défavorablement et me croire dépourvu du moindre tact et de la moindre délicatesse. Qui a pu vous autoriser à me suspecter de la sorte? Hélas! je devine ce que vous allez me répondre : J'ai contre moi mon passé et ma réputation de roué. L'un et l'autre ont été bien surfaits, à tout prendre, et quoique vous paraissiez en douter marquise. Que ne donnerais-je pas cependant pour racheter ce passé et pour effacer cette réputation ! Comment ! parce que mon cœur se sera follement dépensé pendant la première moitié de ma vie je serai condamné à ne jamais éprouver d'affection véritable ! Je rêve d'un bonheur inconnu fait de calme et de réflexion.... Impossible ! me dit le monde en ricanant. Vainement un doigt mystérieux me montre l'asile, l'oasis, l'Eden.... Un ange se tient sur le seuil, armé non pas d'une épée flamboyante, mais d'un sourire moqueur, — comme le vôtre en ce moment, — et cet ange me dit de sa voix la plus douce « Va-t'en d'ici, le bonheur honnête n'est pas fait pour toi ! »

LA MARQUISE, *à part*. Cet accent d'émotion.... je suis presque attendrie... S'il était sincère en effet ?...

LE DUC. — Convenez, marquise, que cela est parfaitement injuste. Je veux faire valoir mes droits, à la fin. Et quand je dis que j'ai dépensé mon cœur, je me calomnie ; à peine si je l'ai prêté. On me reproche mon inconstance, tandis qu'on devrait au contraire m'en faire un mérite. J'ai été inconstant, parce que je suis difficile. J'ai longtemps couru après la femme que je jugeais le plus digne d'amour.... tellement couru, que j'en ai paru quelquefois essoufflé. Il aurait mieux valu l'attendre, à ce qu'on m'a dit. C'est possible. Je suis plus impatient que cela. Peut-être le monde aurait-il préféré me voir donner le spectacle d'une liaison ridicule, mais durable, comme Lauraguais, ou comme M. Bertin. J'ai mieux aimé suivre le cours de mes vagabondages.. et de mes déceptions, libre et dédaigneux. Je n'ai jamais aimé! répète-t-on. Tant mieux, palsambleu! J'aimerai davantage quand j'aimerai une bonne fois; j'aimerai... comme je sens que j'aime aujourd'hui!

LA MARQUISE. — Êtes-vous bien sûr de ne pas vous tromper encore?

LE DUC. — Non, mon sang bat plus vite dans mes veines, mon front est plus éclairé. Je me sens capable de nobles actions. Et c'est à vous, marquise, que je suis redevable de cette métamorphose.

LA MARQUISE. — A moi!... Si l'on se laissait prendre pourtant à vos discours!... Mais quel est ce bruit? (*Lisette entre précipitamment.*)

SCÈNE VII

LES MÊMES, LISETTE.

LISETTE. — Madame! madame!

LA MARQUISE, *avec humeur*. — Encore toi, Lisette!

LISETTE. — N'avez-vous pas entendu...?

LA MARQUISE. — Qu'est-ce que c'est?

LISETTE, *à demi-voix*. — Une chaise de poste qui vient d'arriver et de s'arrêter devant l'hôtel. J'en ai vu sortir le baron de Liversan.

LA MARQUISE, *de même*. — Le baron! Quel contre-temps!

LE DUC, *qui s'est éloigné; à part*. — Qu'ont-elles à se concerter?

LA MARQUISE, *à part*. — Dans quel moment arrive-t-il? cela allait si bien!

LISETTE. — Il va demander madame la marquise. Qu'est-ce qu'il faut que je lui réponde?

LA MARQUISE. — Attends... Il te connaît à peine;

fais-lui ta réponse habituelle : « Ce n'est pas ici, c'est plus haut. »

LISETTE. — Comment! madame, vous voulez que j'envoie le baron à l'étage au-dessus ?

LA MARQUISE. — Eh! oui.

LISETTE. — Chez mademoiselle Fideline?

LA MARQUISE. — Cela me donnera le temps de réfléchir, d'aviser...

LISETTE. — Mais, madame, à l'étage au-dessus on le détrompera tout de suite, et il ne tardera pas à redescendre.

LA MARQUISE. — N'importe, obéis. Je l'entends.

LISETTE, *à part*. — Oh! madame la marquise a aujourd'hui des idées d'une hardiesse et d'une fantaisie !...

LA MARQUISE. — Va donc! (*Sortie de Lisette.*)

SCÈNE VIII

LE DUC, LA MARQUISE.

LA MARQUISE. — Savez-vous, duc, qui est-ce qui est en ce moment à ma porte ?

LE DUC. — Cela me paraît assez dificile à deviner.

LA MARQUISE. — C'est l'homme qui aspire à remplacer feu mon mari.

LE DUC. — Un prétendant ?

LA MARQUISE. — Presque un prétendu. (*Elle va à la porte et prête l'oreille.*) Je reconnais sa voix. Il parlemente avec Lisette. Lisette lui répond ; la porte se referme.

LE DUC. — Il est parti ?

LA MARQUISE. — Oui... mais il va revenir.

LE DUC. — Quand ?

LA MARQUISE. — Dans cinq minutes.

LE DUC. — Pourquoi faire ?

LA MARQUISE. — Pour me demander ma main probablement.

LE DUC. — Vous pensez donc à vous remarier, marquise ?

LA MARQUISE. — Cette surprise est d'un goût étrange, duc, et ce n'est pas de vous que je l'aurais attendue.

LE DUC. — Que ne le disiez-vous tout de suite ! Je me mets sur les rangs.

LA MARQUISE. — Vous n'avez que cinq minutes pour cela.

LE DUC. — Cinq minutes bien employées... Marquise, je meurs du désir d'être votre époux !

LA MARQUISE. — Vous n'êtes pas fait pour le mariage.

LE DUC. — Qu'en savez-vous?

LA MARQUISE. — Vous n'y avez jamais songé.

LE DUC. — Je l'avoue, mais ne disiez-vous pas qu'il y a un commencement à tout?

LA MARQUISE. — C'est que le mariage n'est pas un commencement... c'est une fin.

LE DUC. — Eh! c'est précisément une fin que je souhaite, que j'appelle de toutes mes forces... la fin de mes années de frivolité, de mes distractions vaines, de mes plaisirs stériles.

LA MARQUISE, *à part, avec étonnement*. — Le baron ne redescend pas...

LE DUC. — Marquise, voulez-vous accomplir un acte de charité? voulez-vous retirer un malheureux de l'abîme?... Mais vous ne me répondez pas.

LA MARQUISE. — Que vous êtes pressant! (*Les yeux sur la pendule; à part.*) Cela est singulier...

LE DUC. — Je mets mon amour au galop. Vous ne m'avez accordé que cinq minutes.

LA MARQUISE, *à part*. — Et il y en a déjà dix d'écoulées..... dix minutes que le baron est chez Fideline !

LE DUC. — Vous paraissez préoccupée.

LA MARQUISE. — Excusez-moi, je vous prie. Vous disiez..? (*Ses regards sont toujours tournés vers la pendule.*)

LE DUC. — Le bonheur ou le malheur de toute ma vie est entre vos mains. Décidez de ma destinée.

LA MARQUISE, *à part.* — Que faut-il que je pense?

LE DUC. — Soyez duchesse de Saint-Genest.

LA MARQUISE. — Duchesse..! (*A part, avec explosion.*) Oh ! c'est indigne !

LE DUC. — J'attends votre réponse...

LA MARQUISE, *hésitante.* — Ma réponse... (*On sonne.*) Ah ! le voilà... Enfin ! ce n'est pas malheureux.

LE DUC. — Qui est-ce encore ?

LA MARQUISE. — Mon prétendant. (*A part.*) Ah ! baron ! baron !

LE DUC. — La peste soit de lui ! Vous n'allez pas le recevoir, j'espère.

LA MARQUISE. — Mais si !

LE DUC. — Devant moi ?

LA MARQUISE. — Je veux vous le présenter.

LE DUC. — Prenez garde! Je ne réponds pas des effets de mon désespoir, de ma jalousie...

LA MARQUISE. — Vous êtes jaloux... et vous parlez de vos dispositions pour le mariage! (*A Lisette qui paraît.*) C'est sans doute le baron de Liversan?

LISETTE. — Oui, madame.

LA MARQUISE. — Fais-le entrer.

LE DUC, *à part*. — Le baron de Liversan? Mais je ne connais que lui.

SCÈNE IX ET DERNIÈRE

LE DUC, LA MARQUISE, LISETTE, LE BARON.

LE BARON. — Ah! ma chère cousine, que je suis aise de vous revoir, et combien j'étais impatient...! (*Apercevant le duc, à part.*) Le duc ici! Qu'est-ce que cela veut dire?

LA MARQUISE. — Bonjour, baron. Quel vent vous a poussé vers ces contrées?

LE BARON, *étonné*. — Comment! quel vent?..... Vous le voyez, j'accours à vos ordres.

LA MARQUISE. — Vous avez une façon d'accourir qui vous est toute particulière, baron. (*Le duc rit.*)

LE BARON, *à part*. — La présence du duc ne me présage rien de bon. (*Haut à la marquise.*) Une erreur d'étage a retardé mon bonheur de quelques minutes.

LA MARQUISE, *soulignant*. — D'une demi-heure, baron, d'une grosse demi-heure.

LE BARON. — Comment savez-vous...?

LA MARQUISE, *à demi-voix*. — Je comprends que mademoiselle Fideline ait eu le pouvoir de vous retenir.

LE BARON, *à part*. — Diantre !

LA MARQUISE. — Cela est tout naturel... Ne vous croyez donc plus obligé à mettre votre impatience en avant.

LE BARON, *confus*. — Marquise... cousine... je vous assure... Soyez convaincue qu'il n'a pas dépendu de moi de me rendre plus tôt à votre appel.

LA MARQUISE. — Quel appel ?

LE BARON. — Cet air d'ignorance... Ne m'avez vous pas écrit, il y a quinze jours : *Venez, je m'ennuie !*

LA MARQUISE. — Il y a quinze jours ?... *Ma foi, s'il m'en souvient...*

LE DUC, *achevant*. — ...*Il ne m'en souvient guère.*

LE BARON, *après avoir jeté un regard de travers au duc.* — Parbleu ! j'ai justement là votre billet sur moi. Lisez.

LA MARQUISE, *lisant.* — Venez, je m'ennuie ! C'est vrai. (*Elle passe la lettre au duc.*)

LE DUC. — C'est vrai. (*Il passe la lettre à Lisette.*)

LISETTE. — C'est vrai.

LA MARQUISE. — Eh bien, baron ?

LE BARON. — Eh bien, me voici.

LA MARQUISE. — Trop tard, baron. (*Elle regarde le duc en lui tendant la main.*) Je ne m'ennuie plus.

(*Le rideau tombe.*)

*
* *

J'ai dit que ce petit acte avait été adressé par moi à la Comédie-Française, sous le voile de l'anonyme, — et que je n'en avais jamais eu de nouvelles.

Mon humble position de souffleur m'empêcha de faire des démarches auprès du secrétaire, — encore moins auprès des sociétaires, par qui j'aurais craint d'être moqué.

Je me consolai de cette mésaventure secrète en écrivant, — toujours pour moi seul, — un feuilleton imité de ceux du fameux critique Geoffroy, feuilleton dans lequel je rendis compte de la représentation imaginaire de *Venez, je m'ennuie!*

* * *

Je retrouve une copie de mon feuilleton, comme j'ai retrouvé une copie de ma pièce. L'une est faite pour accompagner l'autre. On sourira peut-être de ce jeu d'esprit, — qui est bien dans la nature littéraire. Je ne m'y ménage pas les éloges, cela va de soi, mais je ne m'y épargne pas non plus les critiques.

Voici ce document, qui n'a pas beaucoup de précédents, à ce que je crois.

COMÉDIE-FRA ÇAISE

Première représentation de *Venez, je m'ennuie!* comédie en un acte et en prose, par M. ***.

Cette petite pièce a été goûtée du public; elle ne pouvait pas espérer davantage. C'est ce qu'on appelle un ouvrage sans conséquence. La durée en est de trois quarts d'heure environ, autant que *le Legs* ou *la Gageure imprévue*, deux pièces que nous ne rappelons pas sans dessein, car celle de M. *** procède un peu de l'une et de l'autre. Elle s'essaye au ton brillant de Marivaux et affecte par moments les brusqueries du bonhomme Sedaine. Dirons-nous qu'elle reste assez loin de ses deux modèles? Ce n'en est pas la peine, je le suppose.

Le sujet, qui paraît appartenir en propre à l'auteur (mérite fort rare par ce temps de pillage, d'emprunts et de traductions), ne manque pas d'un certain piquant. Il s'agit d'une jeune et jolie veuve qui s'ennuie à périr aux eaux de Spa. Au-dessus d'elle habite une demoiselle Fideline, célèbre dans le monde de la galanterie. Cette Fideline, — qui ne paraît pas dans la pièce, mais dont il est constamment question, — reçoit chaque jour un grand nombre de visites. Or il arrive parfois que ses adorateurs se trompent involontairement d'étage et frappent à la porte de notre triste veuve, marquise de son état. Cela se répète si souvent que celle-ci finit par en être souverainement agacée, et que dans un moment d'exaspération elle ordonne à sa femme de chambre d'introduire le premier d'entre eux qui demandera Fideline.

Voilà le point de départ de l'intrigue et ce qu'il s'agit d'admettre. Dès que cela est admis, le reste va tout seul. La marquise ne veut que se distraire et connaître *ce qu'on peut bien dire à ces sortes de créa-*

tures; ce sont ses propres paroles. Elle ne tarde pas à être satisfaite au delà de son attente. Un duc évaporé se présente, plein d'effronterie et fécond en libres propos. Il hasarde auprès de la fausse Fideline maintes propositions d'un goût périlleux, dont elle a toutes les peines du monde à se défendre.

A un certain indice, le duc découvre tout à coup qu'il a affaire à une femme du monde et non point à Fideline. Il change de langage et modère sa pantomine, mais il continue à faire sa cour ; le roué se transforme en amant respectueux. La marquise, d'abord incrédule et railleuse, prête peu à peu l'oreille à ses discours... C'est alors que la femme de chambre vient annoncer l'arrivée d'un cousin de Paris, un certain baron de Liversan, auquel la marquire avait écrit : *Venez, je m'ennuie !* On ne saurait arriver plus mal à propos. Elle avait complétement oublié ce billet. Que va-t-elle faire ? Il lui semble que le duc de Saint-Genest n'a pas épuisé toute son éloquence et qu'il a encore quelque chose à lui dire. Dans cette occurrence, elle commande à sa femme de chambre d'envoyer le baron à l'étage au-dessus, chez Fideline. De la sorte, la marquise gagnera quelques instants.

Toute la pièce est dans ce chassé-croisé, d'une ingéniosité assez audacieuse. A partir de ce moment, on sent que la pièce est terminée ou va l'être. En effet, le duc achève de gagner sa cause, tandis que le baron perd entièrement la sienne en s'attardant plus que de raison chez Fideline. Lorsqu'il en redescend, c'est pour recevoir son congé de la marquise. Vainement essaye-t-il de reconquérir ses droits en lui représentant son billet : *Venez, je m'ennuie !* « Je ne m'ennuie plus, » répond-elle en tendant la main au duc de Saint-Genest.

Ce badinage est adroitement conduit. Si l'idée en est quelque peu audacieuse, comme nous l'avons dit, l'exécution en est relativement timide. Peut-être le sujet aurait-il gagné à être transporté dans une sphère bourgeoise ; l'élément gaillard s'y serait donné libre carrière : les situations, au lieu d'être adoucies ou fugitivement indiquées, auraient été poussées jusqu'où elles pouvaient aller. La délicatesse de l'auteur ne serait-elle pas de la faiblesse ?

On ne saurait refuser au style de l'aisance, de la pureté et le ton juste de la société de l'ancien régime. L'écrivain est maître de sa phrase ; rien en lui, sous ce rapport, ne sent le début. Qui sait si cela n'est pas regrettable jusqu'à un certain point ? Il y a des inexpériences attrayantes, des gaucheries pleines de promesses. L'auteur de : *Venez, je m'ennuie !* ne promet rien, il donne tout de suite ; il remplit consciencieusement le plan qu'il s'est tracé, voilà tout. L'esprit n'est pas cherché, il vient à point ; un peu plus de prodigalité et d'éclat n'auraient pas cependant déplu autant qu'il a semblé le redouter. Un pareil acte devrait pétiller d'un bout à l'autre. M. *** a préféré se tenir sur les limites du bon goût, de la plaisanterie modérée, de la saillie coquette. Grâce à ces qualités, le Théâtre-Français compte une agréable bluette de plus, qui pourra alterner avec *les Fausses infidélités* et l'*Heureusement* de Rochon de Chabannes.

Nous aurions bien l'envie de chicaner sur le titre : *Venez, je m'ennuie !* dont le sans-façon participe plutôt du vaudeville que de la comédie. Pourquoi M.*** n'a t-il pas mieux aimé donner pour titre à sa pièce le nom de la personne qui, sans y paraître y joue cependant le rôle principal, *Fideline ?* cela aurait paru moins affecté.

Fleury et mademoiselle Mézerai ont singulièrement augmenté la valeur de cette production par leur jeu rempli de charme. On sait que Fleury est, après Molé, sans égal dans l'emploi des petits-maîtres. Il a parfaitement rendu le rôle du duc, qu'il a dégagé de la banalité des roués en lui imprimant à un certain moment un demi-air de sensibilité. Mademoiselle Mézerai est de plus en plus en faveur auprès du public.

XVIII

J'ai dit combien j'étais avide de renseignements sur les personnages du dernier siècle.

Aussi ne me faisais-je pas défaut d'interroger ceux de leurs contemporains qu'il m'était donné d'approcher.

Parmi ces derniers, Mercier, l'auteur du *Tableau de Paris*, l'énergique et sincère écrivain, Mercier se laissait volontiers aller aux confidences.

C'est par lui que j'ai eu quelques renseignements sur le « neveu de Rameau, » cette figure exceptionnelle, ce chenapan, moitié littérateur et moitié musicien. Mercier l'avait hanté, et il lui a consacré plusieurs pages que l'on connaît à peine.

« Une fois dans la conversation, — raconte Mercier, — Rameau neveu me dit :

« — Mon oncle musicien est un grand homme, mais mon père violon était un plus grand homme que lui ; vous en allez juger. Je vivais dans la maison paternelle avec beaucoup d'insouciance, car j'ai toujours été fort peu curieux de sentineller l'avenir. »

Hein ? *Sentineller l'avenir !* Qu'en dites vous ?

L'expression est bien certainement de Mercier, l'homme des néologismes.

Rendons la parole à Rameau neveu.

« J'avais vingt-deux ans révolus, lorsque mon père entra dans ma chambre, et me dit :

« — Combien de temps veux-tu vivre encore ainsi, lâche et fainéant ? Sais-tu bien qu'à l'âge de vingt ans j'étais pendu et que j'avais un état ?

« Comme j'étais fort jovial, je répondis à mon père :

« — C'est un état que d'être pendu ; mais comment fûtes-vous pendu, et comment êtes-vous encore mon père ?

« Ecoute, me dit-il ; j'étais soldat et maraudeur ; le grand prévôt me saisit et me fit accrocher à un arbre. Une petite pluie empêcha la corde de glisser comme il faut, ou plutôt comme il ne fallait pas. Le bourreau m'avait laissé ma chemise parce qu'elle était trouée ; des housards passèrent : d'un coup de sabre ils coupèrent ma corde, et je tombai sur la terre ; elle était humide, la fraîcheur réveilla mes esprits. Je courus vers un bourg voisin, j'entrai dans une taverne, et je dis à la femme : « Ne vous effrayez pas de me voir en chemise, j'ai mon bagage derrière moi ; vous saurez tout. Je ne vous demande qu'une plume, de l'encre et quatre feuilles de papier. » J'écrivis sur les quatre feuilles de papier :

AUJOURD'HUI, GRAND SPECTACLE !

Les premières places à six sous, et les secondes à trois.

TOUT LE MONDE ENTRERA..... EN PAYANT.

« Je me retranchai derrière une tapisserie ; j'empruntai un violon. Je coupai ma chemise en morceaux ; j'en fis cinq marionnettes, que j'avais barbouillées avec de l'encre et un peu de mon sang ; et me voilà tour à tour à faire parler mes marionnettes, à chanter et à jouer du violon derrière ma tapisserie. — Le spectateur accourut, la salle fut pleine.

« L'odeur de la cuisine, qui n'était pas éloignée, me donna de nouvelles forces ; la faim, qui jadis inspira Horace, sut inspirer ton père. Pendant une semaine entière, je donnai deux représentations par jour. Je sortis de la taverne avec une casaque, trois chemises, des souliers et des bas, et assez d'argent pour gagner la frontière. Un petit enrouement occasionné par la pendaison avait disparu totalement, de sorte que l'étranger admira ma voix sonore. Tu vois que j'étais illustre à vingt ans, et que j'avais un état. Tu as vingt-deux ans, tu as une chemise neuve sur le corps ; voilà douze francs, sors de chez moi ! »

Ce discours du père est superbe.

Rameau neveu continua :

« — Depuis ce temps-là, je vois tous les hommes coupant leur chemise selon leur génie, et jouant des marionnettes en public, le tout pour remplir leur bouche. La mastication, selon moi, est le mobile de toutes les choses de ce monde.

« Il (Rameau neveu) prêchait cette doctrine avec un geste expressif et un mouvement de mâchoire très-pittoresque ; et quand on parlait d'un beau poëme, d'une grande action, d'un édit, tout cela, disait-il, depuis le maréchal de France jusqu'au savetier, depuis Voltaire jusqu'à Chabannes ou Chabanon, se fait indubitablement pour accomplir les lois de la mastication. »

Un autre renseignement.

Le jour de ses noces, — qui diable avait-il pu épouser ? — Rameau neveu loua toutes les vielleuses de Paris, à un écu par tête.

XIX

Une actrice, mademoiselle Bourgoin, célèbre à la fois dans les fastes du Théâtre-Français et dans les annales de Cythère, paraît avoir posé, — à son insu, — pour le portrait suivant.

MARIETTE

Ombrages du Palais-Royal, cabinets particuliers de Véry, vous connaissez Mariette!

Vous connaissez Mariette, hommes de trente-cinq ans et de quarante ans, au front dégarni, au carrik opulent, aux bottes à retroussis!

Mariette, c'est tout dire; Mariette, la femme qui a compris son temps et que son temps a comprise; Mariette, à qui il ne sera pas pardonné par ceux qui l'ont aimée. Tous ceux de ma génération pourraient écrire sa biographie.

Mais derrière ceux de ma génération, il y a les jeunes gens qui ne connaissent pas Mariette, ou du moins qui la connaissent autrement que nous. Ils l'admirent, éblouis. Et lorsqu'ils contemplent son front si pur, sa bouche encore si fraîche, ses yeux qui ont conservé tout leur éclat, aucun d'eux n'oserait chercher un point noir dans cette existence, une tache sur cette hermine. Braves jeunes gens !

Un d'entre eux, nature loyale et charmante, s'est pris d'amour pour Mariette.

Ce jeune homme, que j'appellerai Saint-Clair, aime Mariette *profondément*, nuance particulière à notre époque. Un amour profond, c'est un amour capable de toutes les folies.

Saint-Clair aime Mariette sans réserve. Il l'aime à en oublier le nœud de sa cravate et la fête de sa mère.

Il l'aime au point de se montrer partout en public avec elle, — épanoui, heureux, fier.

Que de fois n'ai-je pas été tenté de lui crier :

— Mais, malheureux jeune homme !....

Et puis je me suis tu, car après tout ce ne sont pas mes affaires.

Laissons faire le temps.

Laissons faire surtout Mariette!

Mariette a été d'abord un peu étonnée de cet amour, — quoique ce ne soit pas son habitude de se laisser étonner.

Dans les commencements, elle se surprenait à regarder fixement le tranquille jeune homme, et ce regard, tout parisien, voulait dire :

— Ne se moque-t-il pas de moi?

Mais ce doute a bien vite fondu devant l'éblouissante sérénité de Saint-Clair.

Et peu à peu Mariette s'est laissé gagner par cet amour absolu.

Pourtant quelque chose en elle, dont elle ne se rend pas compte, tressaille et se révolte par moment. Elle se sent presque froissée par cette affection si superbement aveugle.

En présence de tant de confiance, on l'a entendue murmurer d'une voix frémissante:

— A la fin, c'est trop fort!

Ce quelque chose qui tressaille et s'irrite, c'est la conscience de Mariette.

Dernièrement, Saint-Clair a eu un duel au sujet de Mariette.

Ce n'est que le premier.

Ils se promenaient ensemble dans une contre-allée du bois de Boulogne, après avoir quitté leur voiture. Un impertinent, — Russe ou Anglais, — venant à les croiser, jeta un bonjour familier à Mariette.

Saint-Clair a relevé le bonjour, Saint-Clair a reçu un coup d'épée. Ces jeunes gens ne font rien à demi !

Pendant huit jours, Mariette, installée au chevet de Saint-Clair, l'a soigné avec une sollicitude sans égale. Cependant elle a gardé un sombre silence pendant ces huit jours.

Et le soir que le médecin a déclaré Saint-Clair tout à fait hors de danger, elle est tombée dans une rêverie profonde.

C'est que Mariette écoutait parler sa conscience.

— C'est décidé ! s'est-elle écriée tout à coup en relevant la tête ; dès que Saint-Clair sera guéri, je lui avouerai un amant... rien qu'un !

*
* *

Ici s'arrêtent les notes manuscrites de Chanvallon. Il ne nous reste plus qu'à raconter les événements qui préparèrent les derniers moments du modeste et érudit souffleur.

XX

Un beau jour, la Comédie-Française reçut de M. le comte de Rémusat l'ordre d'avoir à partir immédiatement pour Dresde, où se trouvait l'empereur.

L'empereur, après avoir montré ses soldats aux rois de l'Europe, voulait aussi leur montrer ses comédiens.

Fastueuse impertinence !

Fleury, dans ses *Mémoires*, a donné quelques détails sur la manière dont se fit ce voyage :

« L'ordre de notre départ avait été si prompt, que nous n'eûmes le temps d'écrire à personne, et à peine le temps de faire nos paquets. En vérité, nous avons été menés en vrais régiments qui vont faire une campagne; nous fûmes à l'heure. Tout se trouva réglé, d'ailleurs ; on aurait dit que l'intendance mi-. litaire avait passé par là. Nous reçûmes chacun trois mille francs pour nos frais de route ; ceux qui n'avaient pas de voiture à eux en trouvèrent une à leur porte.

« Le mot d'ordre est : Fouette, cocher ! Nous roulons ; et roulent autour de nous, tantôt devant, tantôt derrière, les voitures de mesdames Mars, Émilie Contat, Thénard, Mézerai, Bourgoin — et celles de MM. Vigny, Desprez, Thénard, Michelot, Barbier. Ce sont les courses olympiques ; nous nous croisons, nous nous saluons du mouchoir, nous nous accrochons un peu, mais on ne va pas à la gloire sans quelques avaries. »

Ce n'était là que la troupe de comédie. La troupe de tragédie partit quelques jours plus tard. Chanvallon se trouva être naturellement du voyage ; il en parut fort content.

On arriva à Dresde, où son logement avait été retenu à l'avance, comme celui de tous les autres.

Qu'auraient pensé de cette façon de déplacement les héros du *Roman comique*?

Dresde offrait alors un spectacle magnifique, inouï. Dresde regorgeait de souverains, de princes, de puissants. C'était comme une avalanche de couronnes et d'écussons. Les rues étaient encombrées de carrosses armoriés ; on ne pouvait faire un pas sans se heurter à une altesse.

Nos militaires remplissaient les places, les promenades, les cafés. Ils étaient superbes.

Leurs physionomies offraient cette assurance, cette animation que donne le sentiment du triomphe. Le théâtral de leurs uniformes rehaussait encore leur bel air.

L'empereur avait voulu que *sa* Comédie-Française jouât trois fois par semaine à la cour.

Ces représentations furent éblouissantes ; ce fut là qu'on vit ce « parterre de rois » dont nos pères nous ont si souvent parlé avec enthousiasme.

Je ne parlerai pas du succès obtenu par nos comédiens ; ce succès fut relativement modéré ; on comprend que le spectacle était plutôt dans la salle que sur la scène.

Quoique assez indifférent, par profession et par caractère, Chanvallon, à l'une de ces représentations, ne put résister au désir de jeter un coup d'œil dans la salle.

Pendant un entr'acte il sortit de son trou, mais au lieu de se diriger vers le foyer, ainsi qu'il avait l'habitude de faire, il alla prendre place, discrètement, dans un angle de l'orchestre des musiciens.

C'était splendide en effet !

Après cinq minutes d'admiration, Chanvallon allait se retirer, lorsqu'il fut retenu par quelques propos échangés derrière lui, dans une loge d'avant-scène.

C'étaient deux hommes, un haut fonctionnaire saxon et un jeune attaché d'ambassade français qui causaient, sans se douter qu'ils pouvaient être entendus.

Leur entretien n'avait d'ailleurs aucun caractère mystérieux.

Le Saxon se faisait nommer par le Français les spectateurs qui lui étaient inconnus.

— Quel est cet officier supérieur dans la loge d'en face? demanda-t-il.

— A côté de cette jolie dame un peu pâle, qui agite un éventail noir? ajouta l'attaché d'ambassade.

— Précisément.

— C'est le général Lafosse, un des plus brillants aides de camp de Sa Majesté Impériale.

— Et cette femme....?

— Est la sienne.

C'étaient ces paroles qui avaient cloué Chanvallon à sa place.

Sa respiration s'était arrêtée.

Il dirigea son regard vers la loge désignée.

Mais alors il se produisit en lui un phénomène qui se manifeste chez les gens trop avides de voir.....

Il ne vit plus.....

Ses yeux se troublèrent et s'emplirent d'un brouillard humide.

Il lui fallut quelques secondes avant de recouvrer le plus précieux des sens.

Puis, lorsque la perception lui en fut revenue, il n'eut pas de peine à reconnaître la personne qui avait joué un si grand rôle dans la première moitié de sa vie.

C'était bien elle !

C'était Louise de la Ville-Heurtaut, marquise d'Ermel.....

Chanvallon fut obligé, pour ne pas tomber, de s'appuyer à la balustrade qui séparait les musiciens des spectateurs.

Ce premier moment donné à la faiblesse physique, il reporta son regard sur la loge qui contenait une si grande portion de lui-même.

Il regarda longuement, attentivement, douloureusement.

Il s'abîma dans un examen plein de souvenirs.

Les années et la maladie avaient marqué leur passage sur les traits de Louise ; mais il lui restait encore la grâce de l'attitude, la noblesse du front.

Elle était vêtue richement, comme toutes les femmes ce soir-là ; les diamants couraient dans ses cheveux, mordillaient ses oreilles, serpentaient sur ses épaules.

A la voir ainsi parée, Chanvallon se rappela les jours où elle était habillée d'une modeste robe d'indienne et où elle se suspendait à son bras pour aller se promener dans les bois de Clamart ou de Fleury.

Pour tout le monde, ces jours s'étaient appelés la Terreur ; pour Chanvallon seulement ils s'appelaient le Bonheur.....

Il y avait quelques instants qu'il s'abandonnait à cette contemplation, lorsque Louise sembla tressaillir.

Elle se sentait regardée.

On connaît cette prédisposition magnétique chez certaines natures délicates à l'excès.

Ce fut d'abord une inquiétude légère, une ombre

fugitive répandue sur son visage, un battement involontaire des paupières.

Elle prit la lorgnette des mains de son mari et commença à chercher à travers la salle.

A plusieurs reprises, Chanvallon, haletant, prêt à se trahir et à lui crier : C'est moi ! Chanvallon sentit passer devant lui l'éclair de son regard sous le verre.

Mais pourquoi ce regard se serait-il abaissé dans un coin de l'orchestre des musiciens? est-ce que les grandes dames ont l'habitude d'aller chercher là leurs admirateurs?

Pendant ce temps, l'entretien continuait toujours dans la loge à laquelle Chanvallon était adossé.

—Ne trouvez-vous pas, disait le Saxon au Français, que madame Lafosse lorgne beaucoup de notre côté?

— En effet ; on croirait qu'elle comprend que nous venons de parler d'elle.....

— Et de faire son éloge... Son mari lui adresse bien rarement la parole.

— Cette froideur apparente entre époux est depuis quelque temps fort à la mode en France, dit le jeune attaché d'ambassade ; on affecte de ne pas se connaître, d'être étrangers l'un à l'autre ; cela passe pour la suprême distinction.

— Encore quelque importation britannique, sans doute.

— Je le crois. Néanmoins, le ménage Lafosse jouit de la réputation d'un excellent ménage. La générale se conforme scrupuleusement au précepte légal : « La femme doit suivre son mari. » Jamais le plus petit soupçon ne l'a effleurée. De son côté, le général est le meilleur des hommes. Brave et bien en cour, il sera duc au premier jour.....

Ce dialogue, dont Chanvallon n'avait pas perdu une syllabe, fut interrompu par les trois coups du régisseur annonçant la reprise du spectacle.

Ils ramenèrent le souffleur au sentiment de son devoir.

Après avoir mis toute son âme dans un dernier regard à Louise, Chanvallon regagna son trou en chancelant.

— A présent que je l'ai revue, murmura-t-il, je n'ai plus rien à demander à la vie...

La représentation s'acheva, magnifique, comme elle avait commencé.

Un incident seul apporta quelque confusion à la sortie des spectateurs.

Le flot des robes de satin, des dentelles, des plumes, des pelisses, des broderies d'or et d'argent, fut, un moment, traversé, au bas de l'escalier, par un groupe d'employés portant un homme dans leurs bras.

— Place ! place ! criaient-ils ; de l'air !... il lui faut de l'air... transportons-le au dehors !

— Un médecin ! disaient d'autres voix ; y a-t-il un médecin ici ?

L'émotion fut grande aussitôt.

— Qu'est-ce que c'est ? se demanda-t-on de toutes parts.

Interrogé, un des employés répondit :

— C'est le souffleur du théâtre qui vient d'être frappé d'une attaque d'apoplexie.

— Le souffleur !

— Il n'y a rien d'étonnant à cela, dit quelqu'un ; la chaleur de la saison, l'étroit espace où ce pauvre diable était enfermé...

Le général Lafosse et sa femme descendaient en ce moment ; ils s'arrêtèrent pour s'informer à leur tour.

Louise tressaillit et sentit s'éveiller en elle un pressentiment.

Elle s'avança du côté du vestibule où l'on avait déposé le malheureux souffleur.

— Venez, chère amie, dit Lafosse, ce n'est pas un tableau fait pour une femme.

— N'approchez pas, madame! ajouta un des médecins accourus.

Puis, devinant une question dans son regard anxieux :

— Cet homme vient d'expirer.

— Pauvre Chanvallon ! fit un machiniste.

Lafosse n'eut que le temps d'entraîner sa femme, qui se sentait défaillir.

— Chanvallon ! murmura-t-il ; j'ai déjà entendu ce nom-là...

FIN.

CATALOGUE

DE LA

LIBRAIRIE F. SARTORIUS

ÉDITEUR

27, rue de Seine, à PARIS

ROMANS, LITTÉRATURE, VOYAGES

L'ANE A M. MARTIN, par Ch. Paul de Kock, roman inédit, cinquième édition, avec gravure sur acier par E. Leguay d'après Belin. 1 vol in-18 jésus, édition de luxe. . . . . 3 fr.

LA FILLE AUX TROIS JUPONS, par Ch. Paul de Kock, roman inédit, douzième édition, gravure sur acier par Ch. Geoffroy d'après Sandoz. 1 vol. in-18 jésus, édition de luxe. . . . . . 3 fr.

LES ENFANTS DU BOULEVARD, par Ch. Paul de Kock, roman inédit; quatrième édition, gravure sur acier de Ch. Geoffroy, d'après Sandoz. 1 vol. in-18 jésus, édition de luxe. . . . . 3 fr

LE PETIT-FILS DE CARTOUCHE, par Ch. Paul de Kock, roman inédit, quatrième édition, avec gravure sur acier par Ch. Geoffroy d'après Sandoz. 1 vol. in-18 jésus, édition de luxe. . . . . . 3 fr.

LES FEMMES, LE JEU ET LE VIN, par Ch. Paul de Kock, roman inédit, huitième édition, avec gravure sur acier par Ramus d'après Bertall. 1 vol. in-18 jésus, édition de luxe. . . . . 3 fr.

LE SENTIER AUX PRUNES, par Ch. Paul de Kock, roman inédit, quatrième édition, avec gravure sur acier par Colin, d'après Sandoz. 1 vol in-18 jésus, édition de luxe. . . . . 3 fr

LES DEMOISELLES DE MAGASIN, par Ch. Paul de Kock, cinquième édition avec gravures sur acier par Leguay, d'après Sandoz. 2 vol. in-18 jésus, édition de luxe. . . . . 6 fr

UNE GRAPPE DE GROSEILLE, par Ch. Paul de Kock, roman inédit, troisième édition, avec gravure sur acier par Colin, d'après Belin. 1 vol. in-18 jésus, édition de luxe. . . . . . . 3 fr.

LA DAME AUX TROIS CORSETS, par Ch. Paul de Kock, roman inédit, troisième édition, avec gravure sur acier par Delannoy, d'après Sandoz. 1 vol. in-18 jésus; édition de luxe. . . . . . 3 fr.

LA PRAIRIE AUX COQUELICOTS, par Ch. Paul de Kock, deuxième édition, avec gravures sur acier par Ramus, d'après de Moraine. 2 vol. in-18 jésus, édition de luxe. . . . . 6 fr.

LA BARONNE BLAGUISKOF, par Ch. Paul de Kock, roman inédit, troisième édition, avec gravure sur acier par Colin, d'après Belin. 1 vol. in-18 jésus, édition de luxe. . . . . 3 fr.

FLON, FLON, LARIRADONDAINE, par Ch. Paul de Kock, deuxième édition, ornée d'un magnifique portrait de l'auteur par Leguay, d'après Sandoz. 1 beau vol. in-18 jésus, édition de luxe. 3 fr.

LES PETITS RUISSEAUX, par Ch. Paul de Kock, roman inédit, deuxième édition, avec gravure sur acier par Colin, d'après Belin. 1 vol. in-18 jésus, édition de luxe. . . . . 3 fr.

LE PROFESSEUR FICHECLAQUE, par Ch. Paul de Kock, roman inédit, troisième édition, avec gravure sur acier par Leguay, d'après Belin. 1 vol. in-18 jésus, édition de luxe. . . . . . . 3 fr.

LA GRANDE VILLE, par Ch. Paul de Kock, troisième édition, avec gravure sur acier par et d'après Ch. Colin. 1 vol. in-18 jésus, édition de luxe. . . . . 3 fr.

UNE DRÔLE DE MAISON, par Ch. Paul de Kock, roman inédit, quatrième édition, avec gravure sur acier par Colin, d'après Bertall. 1 vol. in-18 jésus, édition de luxe. . . . . 3 fr.

MADAME TAPIN, par Ch. Paul de Kock, roman inédit, troisième édition, avec gravure sur acier par Paquien, d'après Sandoz. 1 vol. in-18 jésus, édition de luxe. . . . . 3 fr.

L'HOMME AUX TROIS CULOTTES, par Ch. Paul de Kock, deuxième édition, avec gravure sur acier par Leguay, d'après Sandoz. 1 vol. in-18 jésus, édition de luxe. . . . . 3 fr.

UN MARI DONT ON SE MOQUE, par Ch. Paul de Kock, roman inédit, troisième édition, avec gravure sur acier par Leguay, d'après Bertall. 1 vol. in-18 jésus, édition de luxe. . . . . . 3 fr.

LE CONCIERGE DE LA RUE DU BAC, par Ch. Paul de Kock, deuxième édition, avec gravure sur acier par Colin, d'après Belin. 1 vol. in-18 jésus, édition de luxe. . . . . 3 fr

PAPA BEAU-PÈRE, par Ch. Paul de Kock, roman inédit, deuxième édition, avec gravure sur acier par Colin, d'après Belin. 1 vol. in-18 jésus, édition de luxe. . . . . 3 fr.

MADAME PANTALON, par Ch. Paul de Kock, avec gravure sur acier par Delannoy, d'après Bertall. 1 vol. in-18 jésus, édition de luxe. . . . . 3 fr.

LES BAISERS MAUDITS, par Henry de Kock, roman inédit, cinquième édition, avec portrait sur acier par Leguay, d'après J. Laurens. 1 vol. in-18 jésus édition de luxe. . . . . 3 fr.

LE DÉMON DE L'ALCÔVE, par Henry de Kock, roman inédit, septième édition, avec gravure sur acier par Leguay, d'après Belin. 1 vol. in-18 jésus, édition de luxe. . . . . 3 fr.

JE ME TUERAI DEMAIN, par Henry de Kock, roman inédit, troisième édition, avec vignette sur acier par E. Leguay, d'après Belin. 1 vol. in-18 jésus, édition de luxe. . . . . 3 fr.

NINIE GUIGNON, par Henry de Kock, roman inédit, quatrième édition, orné d'une belle gravure, dessin à la Fragonard, par Sandoz gravé par Outhwaite. 1 vol. in-18 jésus, édition de luxe. . . 3 fr.

LA CHUTE D'UN PETIT, par Henry de Kock, deuxième édition, orné d'une jolie gravure par Torrents. 1 vol. in-18 jésus, édition de luxe. . . . . 3 fr.

LA FÉE AUX AMOURETTES, par Henry de Kock, roman inédit, troisième édition, avec une jolie vignette sur acier, par Leguay, d'après Belin. 1 vol. in-18 jésus, édition de luxe. . 3 fr.

MA PETITE COUSINE, par Henry de Kock, roman inédit, troisième édition, avec une gravure par E. Leguay, d'après Belin. 1 vol. in-18 jésus, édition de luxe. . . . . 3 fr

LA VIE AU HASARD, par Henry de Kock, roman inédit, deuxième édition, avec une gravure sur acier, par Leguay, d'après Mariani. 1 vol. in-18 jésus, édition de luxe. . . . . 3 fr.

NI FILLE, NI FEMME, NI VEUVE, par Henry de Kock, roman inédit, troisième édition, orné d'une gravure sur acier par Colin, d'après Belin. 1 vol. in-18 jésus, édition de luxe. . . 3 fr.

LE CRIME D'HORACE LIGNON, par Henry de Kock, deuxième édition, avec gravure sur acier, par Gervais, d'après de Moraine. 1 vol. in-18 jésus, édition de luxe. . . . . 3 fr.

LA FILLE A SON PÈRE, par Henry de Kock, roman inédit, avec gravure sur acier, par Paquien, d'après Belin 1 vol. in-18 jésus, édition de luxe. . . . . 3 fr.

LES MARTYRS INCONNUS, par Léon Gozlan, gravure sur acier par Outhwaite, d'après Sandoz. 1 vol. in-18 jésus, édition de luxe. . . . . 3 fr.

UN DÉBUT DANS L'AMOUR, par Émile Hervet, roman inédit, avec gravure sur acier, par et d'après Geoffroy. 1 vol. in-18 jésus, édition de luxe. . . . . 3 fr.

AVANT-HIER ET AUJOURD'HUI, par Louis Haumont, roman inédit de mœurs politiques, avec gravure sur acier par et d'après Torrents. 1 vol in-18 jésus, édition de luxe. . . . . 3 fr.

LES MÈRES COUPABLES, par Édouard Devicque, roman inédit, avec portrait sur acier, par Leguay, d'après Eustache Lorsay. 1 vol. in-18 jésus, édition de luxe. . . . . 3 fr.

LE FILS DE JEAN-JACQUES, par Édouard Devicque, roman inédit, *paysannerie* avec portrait sur acier, par Leguay d'après Ingouf. 1 vol. in-18 jésus, édition de luxe. . . . . 3 fr.

CAROLINE VARNER, par E. Soldi, roman inédit, avec portrait sur acier par Delannoy, d'après Sandoz. 1 vol. in-18 jésus, édition de luxe. . . . . 3 fr

LE THÉATRE DU FIGARO, par Charles Monselet, orné d'un rideau dessiné par Voillemot, gravé par Leguay. 1 vol. in-18 jésus, édition de luxe. . . . . 3 fr.

LE PLAISIR ET L'AMOUR, par Charles Monselet. 1 vol. in-18 jésus, orné d'un beau portrait de l'auteur gravé sur acier par Leguay, d'après une photographie de Carjat, édition de luxe...... 3 fr.

Il a été tiré 50 exemplaires sur vélin, du joli volume Le Plaisir et l'Amour, *par* Charles Monselet

LE DRAME DES CARRIÈRES D'AMÉRIQUE, par Angelo de Sorr, roman inédit, avec gravure sur acier par Delannoy, d'après Belin. 1 vol. in-18 jésus, édition de luxe. . ... 3 fr.

LE FANTÔME DE LA RUE DE VENISE, par Angelo de Sorr, roman inédit, avec gravure sur acier par Outhwaite d'après Sandoz. 1 vol. in-18 jésus, édition de luxe......... 3 fr.

JEANNE ET SA SUITE, par Angelo de Sorr, avec un portrait de l'auteur gravé par Leguay d'après une photographie de Carjat, et précédé d'une notice par Charles Monselet. 1 vol. in-18 jésus, édition de luxe. .... 3 fr.

L'AFFAIRE DUVAL, par Ernest Capendu, avec gravure sur acier par Outhwaite d'après Sandoz. 1 vol. in-18 jésus, édit. de luxe. 3 fr.

LES PETITES FEMMES DU COUVENT, par Ernest Capendu, avec gravure sur acier par Paquien, d'après Sandoz. 1 vol. in-18 jésus, édition de luxe. . ... 3 fr.

LE SÉQUESTRÉ, par Élie Berthet, avec gravure sur acier par Leguay, d'après Gerlier. 1 vol. in-18 jésus, édition de luxe. . . 3 fr.

UNE INTRIGUE DANS LE GRAND MONDE, par le vicomte de Beaumont-Vassy, roman inédit, avec gravure sur acier par Delannoy, d'après Belin. 1 vol. in-18 jésus, édit. de luxe. 3 fr.

L'AMOUR DIPLOMATE, par le vicomte de Beaumont-Vassy, roman inédit, avec gravure sur acier par Delannoy, d'après Gerlier. 1 vol. in-18 jésus, édition de luxe. .... 3 fr.

Toute personne qui achètera 10 volumes à la fois et au choix, de cette Collection, et enverra la somme de 30 fr. à l'Éditeur, recevra gratis les six belles lithographies du prix de 30 fr.

1° *L'Amour mort*, par Diaz.
2° *Le Génie et les Grâces*, par Diaz.
3° *Les Présents de l'Amour*, par Diaz.
4° *La Fée aux Joujoux*, par Diaz
5° *L'Angélique*, par Ingres.
6° *Œdipe et le Sphinx*, par Ingres.

Envoyer un mandat sur la poste, à l'ordre de M. Ferd. Sartorius, éditeur, 27, rue de Seine. Ajouter 2 fr. pour recevoir franco dans les départements.

POÉSIES COMPLÈTES DE PLACIDO, Gabriel de la Concepcion Valdès, traduites de l'espagnol par D. Fontaine, avec une préface de Louis Jourdan. 1 beau volume in-8. . . . . . . 5 fr.

> Ce sont les fleurs d'un esprit sans culture,
> Telles que les donnent les champs de ma patrie,
> Riches de parfums, de couleurs, de beauté.
> PLACIDO.

Le malheureux Placido, le plus grand poëte de la race hispano-américaine ainsi que dit M. Jourdan dans sa préface, fut fusillé le 28 juin 1844, à Cuba. Ses poésies, traduites pour la première fois en français, ont eu un grand et légitime succès dans son pays. (Voir la préface de M. Jourdan.)

PIRON, complément de ses Œuvres inédites, Prose et Vers, publié sur documents authentiques et manuscrits authographes avec une introduction et des notes par Honoré Bonhomme. . . . . 3 fr. 50

LES FEMMES QU'ON AIME, par le baron F. de Reiffenberg fils. 1 vol. in-18 jésus, impression de luxe. . . . . 2 fr.

Sommaire : Ce que c'est qu'une maîtresse. — La femme qu'on aime. — Quand on est myope. — Qui paye ses dettes s'enrichit. — Un cadeau de fiançailles. — Tout chemin mène à Rome. — Une maîtresse de mélodrame. — Ah ! que l'amour est agréable ! — Une soirée de garçons. — La maîtresse morte.

LE TESTAMENT DE PIERRE TALBERT, par Léon Marcy (Jules Rouquette), roman. 1 vol. in-18 jésus. . . . . 2 fr.

LE DESSUS DU PANIER, par Bénédict-Henry Révoil. Contes et Nouvelles. 1 vol. in-18 jésus. . . . . 2 fr.

Sommaire : L'Ile fantôme. — Un Drame sur l'Océan. — Une Histoire merveilleuse. — Le Fournisseur de la mort. — La Maison des fous. — Le Voile noir. — Les Trois boutons de diamant. — Les Fils du pêcheur. — La Maison romaine.

JEANNE DE BRÉGONNES, par Raoul Ollivier. Esquisse. 1 vol. in-18, édition de luxe. . . . . 2 fr.

SOUVENIRS DE SUISSE, par A. Caminade-Chatenay, Nouvelles, suivis de *Autres temps, autres mœurs,* comédie de salon en 3 actes et en vers. 1 vol. in-18 jésus. . . . . 2 fr.

Sommaire : Lisbeth. — Einsiedeln. — La Vallée de Goldau. — Autres temps, autres mœurs.

LE MASQUE DE VELOURS, par Angelo de Sorr, roman inédit suivi de *la Ruche nontronaise.* 1 vol. in-18 jésus, édit. de luxe. 2 fr.

LES AMOURS D'UNE BARONNE, par E. Montady. 1 v. 2 fr.

TROIS COUPS DE CRAYON, par J. Goetschy. Esquisses Sommaire : Miss Ellen. — Les Deux font la Paire. — Judith. — L'Écho, plaisanterie musicale. 1 vol. . . . . 2 fr.

LES FEMMES D'ARGENT, par Jules Sarrotte, roman inédit. 1 vl. .... 2 fr.

LA VIE DE GARNISON, par le baron Frédéric de Reiffenberg. 1 vol. in-18 jésus, avec le portrait de l'auteur gravé sur acier. Édit. de luxe. .... 2 fr

SOMMAIRE : Demi-appel. — La Vie de garnison. — Au service d'un cheval.- La Camaraderie de l'absinthe. — Garçon! l'Annuaire! — Pourquoi nous portons des moustaches. — Le Chapitre des Anglais. — La Goutte militaire. — Les Buveurs d'encre. — De garde au drapeau. — A la cantine. — Les Loustics. — Les Amphibies. — Rimes guerrières.

PETIT THÉATRE DE SALON, par Émile Delaunay. 1 volume in-18 jésus.. .... 2 fr.

SOMMAIRE : *Il ne faut tenter personne*, proverbe en 1 acte, 3 personnages. — *Les Cordonniers de madame d'Ervilly*, petit tableau, 6 personnages. — *Une Bouderie*, bluette en un acte et en vers, 4 personnages. — *L'habit ne fait pas le moine*, opérette-proverbe en 1 acte, musique de M. A. Prévost-Rousseau, 5 personnages. — *Il ne faut pas mettre tous ses œufs....*, proverbe en 1 acte, 6 personnages. — *Un Prince allemand*, fantaisie, musique de M. A. Prévost-Rousseau, 4 personnages.

Toutes ces pièces ont été jouées dans les théâtres de salon. — Elles sont faciles à monter et procureront beaucoup d'amusement aux dilettantes.

BLANCHE D'ORBE, par H. Castille, roman, précédée d'un Essai sur *Clarisse Harlowe* et *la Nouvelle Héloïse*. 2 vol in-18 raisin. 2 fr.

CHARLOTTE DE CORDAY, par Henry de Monteyremar. Étude historique avec documents inédits. 1 vol. in-18 jésus. .... 2 fr.

ÉTUDES ET VOYAGES, par Fernand Lagarrigue. Paris. — Belgique. — Hollande. 1 vol. in-18.. .... 2 fr.

LES MÉRIDIONAUX, par Fernand Lagarrigue. Galerie des contemporains : Roumanille. — Jules Brisson. — Azaïs. — Vingtrinier. — Sause-Villiers. — Charles Dupouey. 1 vol. in-32.. ..... 1 fr.

AVENTURES IMAGINAIRES, par H. Castille. 1 vol. in-18 raisin, 2ᵉ édition, revue et augmentée. .... 1 fr.

SOMMAIRE : Michel et Désirée. — Tableau de Famille. — Le Fond de Beauté. — La Fille d'un Ministre. — Esquisses au fusain. — Robert et Pauline.

L'ART DE S'AMUSER EN SOCIÉTÉ, par l'auteur de *l'Art d'être poli et aimable*. Joli volume in-12. Prix. .... 1 fr. 25

NOUVELLE COLLECTION IN-32
AVEC GRAVURE EN TÊTE, A 1 FR. LE VOLUME

CE QUE C'EST QU'UNE ACTRICE, par le baron Fréd. de Reiffenberg, avec le portrait de Mlle Clairon. 1 vol. in-32. . . . 1 fr.

UN NOYÉ, par Gourdon de Genouillac, avec le portrait de Mme Gallois. 1 vol. in-32.. . . . . 1 fr.

LES DEUX DESTINÉES, par A. Labutte, avec le portrait d'Adrienne. 1 vol. in-32. . . . . 1 fr.

CONTES POUR TOUS, par Henry de Kock, avec une vignette gravée sur acier par Torrents. 1 vol. in-32. . . . . 1 fr.

JE T'AIME, par Henry de Kock, roman inédit. 1 vol. format in-32, avec gravure. . . . . 1 fr.

L'AMOUR QUI TUE, par Bénédict-Henry Révoil, roman avec gravure. 1 vol. in-32. . . . . 1 fr.

LES CHEVEUX DE MÉLANETTE, par Angélo de Sorr, roman suivi de *l'Allée close* et *le Fauteuil de la Grand'mère*, avec le portrait de Mélanette. 1 vol. in-32. . . . . 1 fr.

UN CŒUR DE CRÉOLE, par Ch. Diguet, nouvelle suivie de *Viola*, avec une jolie vignette sur acier. 1 vol. in-32. . . . . 1 fr.

LE ROMAN D'UN JOCRISSE, par Henry de Kock, roman inédit, avec vignette. 1 vol. in-32.. . . . . 1 fr.

LE DERNIER BAISER, par Jules Claretie, roman inédit, avec vignette. 1 vol. in-32. 1 fr.

UN HOMME LÉGER, par Ange de Keraniou, roman inédit, suivi de *Paula*, avec une jolie gravure. 1 vol. in-32. . . . . 1 fr.

QUATRE HEURES TROIS QUARTS, par A. de Launay, roman avec vignette. 1 vol. in-32. . . . . 1 fr.

LES MAUVAISES LANGUES, par Alfred Sirven, roman avec 25 vignettes sur bois. 1 vol. in-32. . . . . 1 fr

HISTOIRE, VOYAGES, DIVERS

HISTOIRE DE LA RÉVOLUTION FRANÇAISE, par Hippolyte Castille. — États généraux, Constituante, Convention, Directoire (1788-1800). — Ouvrage complet en 4 vol. in-8. . . . 20 fr.

LA REVUE DE L'EXPOSITION UNIVERSELLE, par E. Gorges. 1 gros vol. in-18 de 1400 pages avec 20 gravures. 10 fr.

Ce volume contient le résumé le plus exact de cette mémorable Exposition de 1855. — Toute l'industrie est passée en revue, les Beaux-Arts sont traités d'une manière supérieure. — La *Revue de l'Exposition* raconte tous les faits intéressants qui se sont passés pendant sa durée : Guerre de Crimée, Incendie de la Manutention, etc., etc., etc. — Nous pouvons donc dire que ce volume est un souvenir fidèle dont le charme est encore augmenté par les gravures qu'il contient. — Une grande planche représente les Champs-Élysées à cette époque.

L'EMPIRE DU BRÉSIL, par V. L. Baril, comte de la Hure. Monographie complète de l'Empire sud-américain, ouvrage dédié à S. M. Dom Pedro II, et orné d'un magnifique portrait de ce souverain. 1 vol. in-8. 600 pages. . . . . 10 fr.

HISTOIRE DE LA TRANSFORMATION DES GRANDES VILLES DE L'EMPIRE, par Auguste Descauriet, sous-chef au ministère de l'intérieur. Paris-Lille. 1 fort vol. in-8. . . 7 fr. 50

SOUVENIRS ET RÉCITS DE VOYAGES, les Alpes françaises et la haute Italie, par L. B. de Mercey. 1 beau vol. in-8. . 7 fr. 50

LE MEXIQUE, par V. L. Baril, comte de la Hure. Résumé géographique, statistique, industriel, historique et social, à l'usage des personnes qui veulent avoir des notions exactes, récentes et précises sur cette contrée du nouveau monde. 1 vol. in-8. . . . . 5 fr.

LES TURCS ET LA TURQUIE CONTEMPORAINE, par B. Nicolaidy, capitaine du génie au service de la Grèce, chevalier-commandeur de plusieurs ordres, etc. Itinéraire et compte rendu de voyages dans les provinces ottomanes, avec une carte détaillée, 2 vol. in-18 jésus. . . . . 7 fr.

HISTOIRE DE L'ART EN FRANCE, par Poussin, Félibien, Mignard, Winckelmann, Diderot, Delécluse, Vitet, F. de Mercey,

A. Houssaye, Jules Janin, etc., etc. Recueil raisonné et annoté de tout ce qui a été écrit et imprimé sur la peinture, la sculpture, l'architecture et la gravure françaises, depuis leur origine jusqu'à nos jours. 1 vol. in-8. . . . . 5 fr.

A TRAVERS L'AMÉRIQUE DU SUD, Par F. Dabadie. 1 vol. in-18 jésus. 2ᵉ édition.. . . . . 3 fr. 50

Sommaire : Rio-Janeiro et ses environs. — Les Esclaves au Brésil. — Jacques Arago et l'empereur Dom Pedro II. — Le Misanthrope de Mato-Grosso. — Une élégie au cap Horn. — Superstitions maritimes. — Les Curiosités de Lima. — Les Liméniennes. — Les Brigands du Pérou. — Le Poëte des Andes. — Les Moines de l'Amérique méridionale. — Une Excursion dans la province d'Esméralda. — Souvenirs de la Plata.

RÉCITS ET TYPES AMÉRICAINS, par F. Dabadie, 1 volume in-18 jésus. 400 pages.. . . . . 3 fr. 50

Sommaire : Les Moustaches d'Antonio. — Les Tribulations de saint Antoine. Un Mascate chez les Botocudos. — Sang et Or. — La Fièvre jaune s'amuse. — Les Aventures d'Oscar. — L'Eldorado. — Garibaldi dans l'autre monde. — Types : Le Callavaya. — Les Corybantes. — Boliviens. — Les Tailleurs de la Paz. — Le Sébastianiste. — Le Mendiant de Rio-Janeiro. — Les Chasseurs d'Onas. — Les faux Messies. — Les Indiens du Chaco. — L'Aguador de Lima. — Le Robona. — Le Montanero. — Le premier Mormon.

LA NOUVELLE-CALÉDONIE ET SES HABITANTS, par le Dʳ Victor de Rochas, chirurgien de la marine impériale, membre de la Société de géographie, etc. Productions, Mœurs, Cannibalisme. 1 vol. in-18 jésus. 320 pages. . . . . 5 fr.

Cette colonie océanienne, l'une des plus récentes acquisitions de la France, a été proposée aux Chambres pour servir de pénitencier en remplacement de Cayenne.

MANUEL DES PRINCIPALES VALEURS ESPAGNOLES sur le marché français, par M. Fontaine. 1 vol. in-18. . . . . 3 fr

FRANÇAIS ET ARABES EN ALGÉRIE, par Ferd. Hugonnet, auteur des Souvenirs d'un chef de bureau arabe. 1 volume in-18 jésus. . . . . 2 fr. 50

Sommaire : Lamoricière. — Bugeaud. — Abd-el-Kader. — Daumas, etc., etc.

LES SUICIDÉS, par F. Dabadie. Biographie des personnages remarquables de tous les pays qui ont péri volontairement depuis le commencement du monde jusqu'à nos jours. 1 v. in-18 jésus. 2 fr. 50

LE PARFAIT DOUANIER, civil et militaire, par un Vétéran de l'Administration. . . . . 2 fr. 50

HISTOIRE ET CONQUÊTES DE L'ESPAGNE, depuis l'occupation des Maures jusqu'à nos jours, par le baron Édouard de Septenville. 1 vol. in-18 jésus. . . . . 2 fr. 50

LES ANOMALIES DE LA LANGUE FRANÇAISE, ou la nécessité démontrée d'une révolution grammaticale, par LÉGER NOEL. 1 vol. in-8.. . . . . 2 fr. 50

ABOLITION DE LA SUCCESSION COLLATÉRALE, par J. JUTEAU, avocat à la Cour imp. de Paris, broch. de 4 feuilles. 1 fr. 50

LECTURES PUBLIQUES ET EXPOSITIONS PERMANENTES, par PIERRE MAZEROLLE. Brochure in-18. . . . 1 fr. 25

L'objet de cet écrit, essentiellement pratique, est le *Placement des Œuvres inédites*, pour les Beaux-Arts en général, les Inventions, les Sciences et les Lettres, — c'est-à-dire consiste dans l'exposé de moyens propres à atteindre infailliblement ce but, dont la recherche constitue l'un des problèmes les plus obstinément débattus de nos jours. Le Système exposé résout du même coup la question pour Paris et pour la Province, c'est-à-dire résout d'une manière simple et pratique le problème de la Décentralisation intellectuelle.

LES ESCLAVES TSIGANES dans les Principautés danubiennes, par ALFRED POISSONNIER, avec une préface par M. PH. CHASLES. 1 vol. in-8.. . . . . 1 fr.

NAPOLÉON III EN ITALIE, par JULES RICHARD. Deux mois de campagne. — Montebello. — Palestro. — Turbigo. — Magenta. — Marignan. — Solferino. 1 vol. in-18. . . . . 1 fr.

LES RÉGIMENTS DE FER, par le baron FRÉDÉRIC DE REIFFENBERG, chevalier de la Couronne de chêne. 1 vol. in-8. . . . 1 fr.

SOMMAIRE : Origine de la grosse cavalerie en France. — Cavaliers et Piétons. — Le Casque et la Cuirasse. — L'Apprentissage des armes. — L'Emploi des armes à feu dans la cavalerie. — Les Cuirassiers. — La Journée du Cavalier.

ÉTUDE SUR LES VARIATIONS DE L'ESCOMPTE, par AUGUSTE TÉRRIÈRE, employé au Trésor de la Couronne. Dédié à M. le comte de Germiny, gouverneur de la Banque de France. Brochure. Prix. . . . . 1 fr.

JÉSUS DANS L'HISTOIRE, par ERNEST HAVET. Examen de la *Vie de Jésus*, par ERNEST RENAN. 1 vol. in-18 jésus. . . . . . 1 fr.

Extrait de la *Revue des Deux Mondes*, revu et augmenté d'une préface et d'une réponse à Mgr l'évêque de Nîmes (H. Plantier), qui venait de faire paraître un écrit intitulé : *Un panégyriste de M. Renan. Lettre pastorale de Monseigneur l'évêque de Nîmes contre un article de la Revue des Deux Mondes.*

LA LOI SUR LA CHASSE, expliquée aux chasseurs, aux gardes champêtres et aux agriculteurs, par M. CHARLES VIEL, avocat à la Cour impériale de Paris, attaché à la division de la sûreté publique au ministère de l'Intérieur. 1 vol. in-18. Prix. . . . . 75 cent.

LA CHASSE ET LE PAYSAN, par HONORÉ SCLAFER. Beau volume in-18 jésus. . . . . 3 fr.

UN PEU DE TOUT, par Adrien Marx. Beau volume in-18 jésus. . . . . 3 fr.

LES ROMANS PARISIENS, par Arsène Houssaye, édition de luxe. 1 vol. in-8 jésus. . . . . 3 fr.

Sommaire : La Vertu de Rosine. — Le Repentir de Marion. — Le Valet de Cœur et la Dame de Carreau. — Madame de Beaupréau. — Le treizième Convive.

LES COMPAGNONS DE LA MORT, par Charles Ribeyrolles (révolte de Masaniello, en 1647), précédé d'une préface sur l'auteur, par F. Dabadie. 1 vol. in-18 jésus. . . . . 3 fr.

L'AGENT MATRIMONIAL, par Jules Sarrotte, roman inédit avec préface. 1 vol. in-18 jésus. . . . . 3 fr.

CIMES ET VALLONS, par Auguste Devancelles. 1 vol. in-18. (Poésies.) . . . . 3 fr.

LES SALONS DE PARIS ET LA SOCIÉTÉ PARISIENNE sous-Louis Philippe Ier, par le vicomte de Beaumont-Vassy. 1 beau volume de 400 pages in-18 jésus, édition de luxe, orné de 12 portraits sur acier. . . . . 5 fr.

Duchesse d'Orléans. — La Fayette. — Duchesse de Berry. — Madame de Staël. — Chateaubriand. — Reine Victoria. — Metternich. — Louis-Philippe. — Guizot. — Talleyrand. — Thiers. — Lamartine.

LES SALONS DE PARIS ET LA SOCIÉTÉ PARISIENNE sous Napoléon III, par le vicomte de Beaumont-Vassy. 1 beau volume de 350 pages in-18 jésus, édition de luxe, orné de 10 portraits sur acier. . . . . 5 fr.

Princesse Mathilde. — Général Cavaignac. — Général Changarnier. — Napoléon III. — Duc de Morny. — l'Impératrice Eugénie. — Drouyn de l'Huys. — Alexandre II. — François-Joseph II. — Princesse de Metternich.

LES CAPRICES DU BOUDOIR, par Armand Renaud, auteur de *la Griffe rose*. 1 vol. de luxe. . . . . 3 fr.

POËMES ET POÉSIES MILITAIRES, par le baron Frédéric de Reiffenberg. Brochure in-8. Prix. . . . . 50 c.

I. La Plume et l'Épée. — II. L'étendard des Carabiniers.

PORTRAITS POLITIQUES ET HISTORIQUES
PAR H. CASTILLE
Prix de chaque volume. . . . . **50 centimes.**

PREMIÈRE SÉRIE

Napoléon III.
Alexandre II.
Le général Cavaignac.
La duchesse d'Orléans.
Le marquis Delcaretto, ex-ministre du roi de Naples.
Drouyn de Lhuys.
Ledru-Rollin.
Palmerston.
Montalembert.
Louis Blanc.
Manin, ex-président de la République de Venise.
Saint-Arnaud et Canrobert.
Michelet.
Espartero et O'Donnell.
Victor Hugo.
Talleyrand.
A. Blanqui.
Metternich.
Louis-Philippe.
Frédéric-Guillaume, roi de Prusse.
Lamennais.
Le comte de Chambord.
Madame de Staël.
Changarnier.
Benjamin Constant.
Le prince A. Ghika.
Chateaubriand.
Béranger.
M. Thiers.
Armand Carrel.
Lamartine.
Reschid-Pacha.
Paul-Louis Courier.
La duchesse de Berry.
Napoléon I*er*, 2 vol.
Le général Lamoricière.
Jules Favre.
Pie IX.
Émile de Girardin.
Proudhon.
La Fayette.
La reine Victoria.
Edgard Quinet.
Oscar I*er*, roi de Suède.
Casimir Périer.
Les Débats.
La Presse.
Le Siècle.

DEUXIÈME SÉRIE

Le maréchal Pélissier
Le père Enfantin.
Le prince Napoléon Bonaparte.
Les princes de la Famille d'Orléans : Le prince de Joinville et le duc d'Aumale.
M. Berryer.
M. de Morny.
M. Villemain.
Le maréchal Bosquet.
Ferdinand II, roi de Naples.
Le comte de Cavour.
Les Chefs de corps de l'Armée d'Italie.
Garibaldi.
Louis Kossuth.
Victor-Emmanuel II, r. de Piémont.
L'Impératrice Eugénie.
Le prince Jérôme Bonaparte.
M. Baroche.
M. Mocquart.
Mazzini.
François-Joseph
Léopold I*er*.
Mgr Dupanloup.
Vicomte de la Guéronnière.
Achille Fould.
Rouland.
Antonelli.
Pimodan.
Le père Félix.
Ratazzi.

BEAUX-ARTS

LE SALON

COLLECTION DE GRAVURES ET LITHOGRAPHIES D'ART

D'APRÈS

**MM. DELACROIX, MULLER, TROYON, DIAZ, BONVIN, ROQUEPLAN
F. DE MERCEY, MEISSONIER, ROSA BONHEUR, ETC.**

Prix : 1 fr. 25 cent. la feuille

1. **L'Appel des condamnés**, gravé par M. E. Hédouin, d'après Müller.
2. **L'École des Orphelines**, gravée par Masson, d'après Bonvin.
3. **L'Abreuvoir**, lithographié par J. Laurens, d'après Troyon.
4. **La Solitude**, lithographiée par J. Laurens, d'après J. Dupré.
5. **Une Vénus et deux Amours**, lithographiés par J. Laurens, d'après Diaz.
6. **L'Innocence en danger**, lithographiée par J. Laurens, d'après Diaz.
7. **Lavandière**, gravée par Masson, d'après Tesson.
8. **La Vénus à la Rose**, lithographiée par J. Laurens, d'après Diaz.
9. **Le Concert**, gravé par Carey, d'après Chavet.
10. **Une Odalisque**, lithographiée par J. Laurens, d'après Baron.
11. **Un Métier de Chiens**, gravé par Masson, d'après Stevens.
12. **La Ferme**, lithographiée par Anastasi, d'après Dupré.
13. **Le Fumeur**, lithographié par J. Laurens, d'après Decamps.
14. **Les Paysannes**, gravées par Masson, d'après Roqueplan.
15. **Les Animaux dans la montagne**, lithographiés par J. Laurens, d'après Rosa Bonheur.
16. **L'Éducation du Geai**, gravée par Carey, d'après Guillemin.
17. **La Mort de Montaigne**, lithographiée par J. Laurens, d'après Robert Fleury.
18. **La Paix**, lithographiée par J. Laurens, d'après Boulanger.
19. **Paysage en Normandie**, lithographié par J. Laurens, d'après de Mercey.
20. **Vénus armant l'Amour**, lithographiée par Braquemont, d'après Guichard.
21. **Les Rayons et les Ombres**, lithographiés par J. Laurens, d'après Victor Hugo.
22. **Vénus endormie**, lithographiée par J. Laurens, d'après Diaz.
23. **Le Massacre de Scio**, gravé par Masson, d'après Delacroix.
24. **Desdemona**, lithographiée par J. Laurens, d'après Delacroix.
25. **Groupe de chiens**, lithographié par J. Laurens, d'après Diaz.
26. **Chevreuils dans un fourré**, lithographiés par J. Didier, d'après Rosa Bonheur.
27. **Jument poulinière**, lithographiée par J. Didier, d'après Rosa Bonheur.

28. **Animaux au pâturage**, lithographiés par J. Laurens, d'après Troyon.
29. **Une rue à Marlotte**, lithographiée par J. Laurens, d'après J. Didier.
30. **Les Gorges d'Apremont** (forêt de Fontainebleau), lithographiées par J. Laurens, d'après A. Desgoffe.
31. **Le Chemin des lagunes** (landes de la Gironde), lithographié par J. Didier, d'après C. Marionneau.
32. **Mendiants grecs** (Morée), lithographiés par J. Laurens, d'après A. de Curzon.
33. **Souvenir du lac de Némi**, lithographié par J. Laurens, d'après Cabat.
34. **Méditation** (Moine en prière, paysage), lithographié par J. Laurens, d'après A. Desgoffe.
35. **Un Rêve d'amour**, lithographié par J. Didier, d'après Tassaërt.
36. **Charles IX chez son armurier Ziem**, lithographié par J. Laurens d'après E. Isabey.
37. **Les Bons Amis**, gravés par Braquemont, d'après Decamps.
38. **Pâturage en Normandie**, lithographié par J. Laurens, d'après Troyon.
39. **Animaux au repos**, lithographiés par J. Laurens, d'après Palizzi.
40. **Loin du monde**, lithographié par Pirodon, d'après Antigna.
41. **Insouciance**, lithographiée par Duclos, d'après Guillemin.
42. **Caroline Varner** (portrait), gravure de F. Delannoy, d'après Sandoz.
43. **Dom Pedro II**, empereur du Brésil, gravure par Colin.
44. **Indiscrétion**, lithographiée par A. Lemoine, d'après Chaplin.

Les 45 feuilles du *Salon* forment un magnifique *Album* dont l'éditeur tient à la disposition des amateurs des exemplaires en demi-chagrin sur onglets.

AVIS AUX AMATEURS

Chaque volume à 3 francs de la collection illustrée est accompagné d'un bon de prime donnant droit soit à une belle gravure, soit à des lithographies d'art signées de nos meilleurs maîtres.

PRIMES

GRANDES PLANCHES, PRIX FORT : 5 FR. CHACUNE

1. **Vénus pleurant l'Amour mort**, lithographiée par J. Laurens, d'après Diaz.
2. **Le Génie et les Grâces**, lithographiés par J. Laurens, d'après Diaz.
3. **Les Présents de l'Amour**, lithographiés par J. Laurens, d'après Diaz.
4. **La Fée aux Joujoux**, lithographiée par J. Laurens, d'après Diaz.
5. **Angélique attachée au rocher**, lithographiée par Sudre, d'après Ingres.
6. **Œdipe consultant le Sphinx**, lithographié par Sudre, d'après Ingres.
7. **Race normande**, lithographiée par J. Didier, d'après Rosa Bonheur.
8. **Jeune fille**, gravure de E. Gervais, d'après Plassan.
9. **Jeune mère**, gravure de E. Gervais, d'après Plassan.
10. **Promenade**, gravure de E. Gervais, d'après Compte-Calix.
11. **Lecture**, gravure de E. Gervais, d'après Compte-Calix.
12. **Le Liseur**, gravure de E. Gervais, d'après Meissonier.

LA RIXE
GRAVÉE PAR PAUL CHENAY
D'APRÈS LE TABLEAU ORIGINAL DE MEISSONIER
Qui a obtenu la grande médaille d'honneur à l'Exposition de 1855
et a valu à son auteur la croix d'officier de la Légion d'honneur

LA GRÈCE PITTORESQUE
PUBLICATION ARTISTIQUE DESSINÉE D'APRÈS NATURE
PAR A. LOFFLER
ET ACCOMPAGNÉE DU TEXTE DESCRIPTIF
DU DOCTEUR MAURICE BUSCH
25 GRAVURES SUR ACIER ET SUR BOIS

10 livraisons petit in-folio à 1 fr. 25

L'ORIENT PITTORESQUE
PUBLICATION ARTISTIQUE ILLUSTRÉE DE
32 GRAVURES SUR ACIER
10 livraisons petit in-folio, relié toile, 25 francs

DERNIERS PARUS ET A PARAITRE :

LA PETITE LISE, roman inédit, par Ch. Paul de Kock

LE PETIT BONHOMME DU COIN, roman inédit, par Ch. Paul de Kock.

MADEMOISELLE CROQUEMITAINE, roman inédit par Henry de Kock.

LE PRINCE MAX A PARIS, roman inédit, par le vicomte de Beaumont-Vassy.

CHANVALLON, roman inédit, par Ch. Monselet.

LA MARIÉE DE FONTENAY-AUX-ROSES, roman inédit, par Paul de Kock.

PARIS. — IMP. SIMON RAÇON ET COMP., RUE D'ERFURTH, 1.

COLLECTION A 3 FRANCS LE VOLUME

DERNIERS PARUS

PAUL DE KOCK...	Un Mari dont on se moque..	1 vol.
—	Le Concierge de la rue du Bac..	1 vol.
—	Papa beau-père..	1 vol
—	Madame Pantalon..	1 vol.
—	La Petite Lise.	1 vol.
—	Le Petit bonhomme du coin	1 vol.
HENRY DE KOCK..	Le Crime d'Horace Lignon..	1 vol.
—	La Fille à son père..	1 vol.
—	Mademoiselle Croquemitaine	1 vol.
ERNEST CAPENDU.	L'Affaire Duval..	1 vol.
—	Les Petites femmes du couvent.	1 vol.
ANGELO DE SORR.	Le Drame des Carrières d'Amérique.	1 vol.
—	Le Fantôme de la rue de Venise..	1 vol
—	Jeanne et sa suite.	1 vol.
HONORÉ SCLAFER.	La Chasse et le Paysan.	1 vol.
Vte DE BEAUMONT-VASSY.	L'Amour diplomate.	1 vol.
—	Une Intrigue dans le grand monde.	1 vol.
—	Le Prince Max à Paris..	1 vol.
ÉLIE BERTHET.	Le Séquestré..	1 vol.
CH. MONSELET...	Chanvallon	1 vol.

Vte DE BEAUMONT-VASSY.	Les Salons de Paris sous Louis-Philippe Ier. Beau volume orné de portraits sur acier. 2e édition.	5 fr.
—	Les Salons de Paris sous Napoléon III. Beau volume orné de portraits sur acier.	5 fr.

SOUS PRESSE

PAUL DE KOCK..	La Mariée de Fontenay-aux-Roses.	1 vol.
L. PICHON.	L'Amant de la morte.	1 vol.
CH. DE NOGARET.	Les Amours vaincues.	1 vol.
HENRY DE KOCK..	La Belle des Sept.	1 vol.

www.ingramcontent.com/pod-product-compliance
Lightning Source LLC
Chambersburg PA
CBHW071131160426
43196CB00011B/1860